No Monte Calvário

MAX LUCADO

NO MONTE CALVÁRIO

40 TEXTOS SOBRE O ACONTECIMENTO QUE MUDOU A HISTÓRIA DA HUMANIDADE

Tradução de Markus Hediger

THOMAS NELSON
BRASIL®

PUBLISHER: *Omar de Souza*
EDITORES: *Aldo Menezes e Samuel Coto*
COORDENADORA DE PRODUÇÃO: *Thalita Aragão Ramalho*
PRODUÇÃO EDITORIAL: *Jaciara Lima da Silva*
TRADUÇÃO: *Markus Hediger*
COPIDESQUE: *Fernanda Silveira*
REVISÃO: *Lara Gouvêa*
Clarisse Cintra
ADAPTAÇÃO DE CAPA: *Valter Botosso*
DIAGRAMAÇÃO E PROJETO GRÁFICO *Especial Book's Editoração Ltda.*

CIP-BRASIL. CATALOGAÇÃO NA PUBLICAÇÃO
SINDICATO NACIONAL DOS EDITORES DE LIVROS, RJ

L965n
Lucado, Max, 1955-
No monte Calvário : 40 textos sobre o acontecimento que mudou a história da humanidade / Max Lucado ; tradução Markus Hediger. - 1. ed. - Rio de Janeiro : Thomas Nelson Brasil, 2014.
176 p.

Tradução de: On Calvary's Hill
ISBN 978.85.7860.520-9

1. Páscoa. 2. Jesus Cristo - Semana da Paixão. 3. Jesus Cristo - Paixão. I. Título.

14-15739 CDD: 263.93
CDU: 264-941.6

Rua da Quitanda, 86, sala 218 — Centro
Rio de Janeiro — RJ — CEP 20091-005
Tel.: (21) 3175-1030
www.thomasnelson.com.br

Este livro foi impresso pela umlivro para a Thomas Nelson Brasil. O papel do miolo é pólen natural $70g/m^2$ e o da capa é cartão $250g/m^2$.

Graças a Deus por seu dom indescritível!
2Coríntios 9:15

Sumário

Ingresse na Semana Santa e observe.

Sinta sua paixão. Sinta seu poder. Ouça sua promessa de que a morte não é poderosa.

Acompanhemos Jesus em sua última jornada, para que, observando-o, possamos aprender a trilhar também a nossa.

Quando os anjos silenciaram

1

A ESTRADA PARA JERUSALÉM

Estamos subindo para Jerusalém, e o Filho do Homem será entregue aos chefes dos sacerdotes e aos mestres da lei. Eles o condenarão à morte e o entregarão aos gentios para que zombem dele, o açoitem e o crucifiquem. No terceiro dia ele ressuscitará!

Mateus 20:18-19

Ela foi a única que acreditou nele. Sempre que falava de sua morte, os outros balançavam a cabeça ou duvidavam, mas Maria acreditava. Acreditava porque ele falava com uma firmeza que ela já ouvira antes.

"Lázaro, saia!", Jesus havia ordenado, e seu irmão saíra. Após passar quatro dias em uma gruta fechada, ele saiu.

E ao beijar as mãos agora quentes do seu irmão recém-falecido, Maria olhou para trás e viu os rastros agora secos das lágrimas no rosto e o brilho dos dentes sob a barba: Jesus estava sorrindo.

Maria sabia que nunca duvidaria de suas palavras.

Por isso, quando ele falou de sua morte, ela acreditou.

"Este é o momento", disse para si mesma.

Não foi uma ação impulsiva. Havia levado o grande frasco de perfume de sua casa para a casa de Simão. Não foi um gesto espontâneo. Mas foi algo extravagante. O perfume valia o salário de um ano inteiro. Era talvez a única coisa de valor que ela possuía. Não era sensato fazer aquilo, mas desde quando o amor é guiado pela sensatez?

O senso comum não havia derramado lágrimas no túmulo de Lázaro, mas o amor, sim. Um amor extravagante, arriscado e corajoso.

Agora, alguém precisava demonstrar o mesmo ao doador desse amor.

Maria o fez. Aproximou-se dele com o frasco na mão. Começou a derramar o perfume. Sobre sua cabeça, seus ombros, suas costas. Se possível, teria derramado a si mesma sobre ele.

O aroma da doce fragrância se espalhou pela sala.

"Para onde quer que vás", dizia o gesto, "inspira o aroma e lembra-te de que alguém se importa contigo."

Os outros discípulos zombaram de sua excentricidade, mas observe como Jesus prontamente defendeu Maria: "Deixem-na em paz! Ela fez algo excelente por mim."

A mensagem de Jesus é tão poderosa hoje quanto foi naquele dia. Há um tempo certo para o amor que se arrisca. Há um tempo certo para derramar seu afeto sobre a pessoa que ama. E quando esse tempo vier, não o deixe passar, aproveite-o.

Quando os anjos silenciaram

Meu Senhor e Salvador, gostaria de expressar meu amor por ti de forma tão excepcional quanto Maria o fez. Ajuda-me a derramar minha vida em adoração a ti e em serviço aos outros como uma doce fragrância que traz glória para teu mais sublime nome, Jesus. Amém.

3

JESUS PURIFICA O TEMPLO

E lhes disse: "Está escrito: 'A minha casa será chamada casa de oração'; mas vocês estão fazendo dela um 'covil de ladrões.'"

Mateus 21:13

Era a semana de Páscoa,a festa mais importante no calendário judaico. As pessoas vinham de todas as regiões e de muitos países para participar da celebração. Quando chegavam, eram obrigadas a cumprir duas exigências.

Primeiro, tinham de oferecer um sacrifício animal, normalmente um pombo. Este precisava ser perfeito, sem mácula. Se alguém trouxesse um sacrifício comprado em um lugar de sua escolha, as autoridades do templo costumavam considerá-lo impróprio. Assim, sob o pretexto de preservar a pureza do sacrifício, os vendedores do templo vendiam os próprios pombos — e determinavam o preço.

Depois, as pessoas eram obrigadas a pagar ao templo um imposto anual. Durante a Páscoa, esse imposto precisava ser pago em moeda local. Cientes de que muitos estrangeiros estariam em Jerusalém e pagariam tal cobrança, os cambistas montavam suas mesas no templo e trocavam dinheiro estrangeiro pela moeda local — cobrando, é claro, uma pequena taxa pelo serviço.

Não é difícil ver o que irritou Jesus. Os peregrinos enfrentavam longos dias de viagem para ver Deus, testemunhar sua santidade, adorar sua majestade. Mas antes de entrarem na presença dele, tinham de passar pelos purificadores.

Quer deixar Deus irritado? Então se meta no caminho das pessoas que desejam vê-lo. Explore-as em nome de Deus.

E Cristo entrou com tudo. Os pombos bateram as asas, as mesas voaram. As pessoas entraram em pânico e os comerciantes fugiram.

Isso não era um espetáculo impulsivo ou uma birra temperamental. Era um ato consciente com uma mensagem clara. Deus sempre castigará aqueles que se aproveitam do privilégio da adoração.

A paixão de Cristo na segunda-feira é indignação. Feirantes montaram suas barracas na casa de Deus. Lembre por que Jesus purificou o templo. Os que estão mais próximos dele podem ser aqueles que, na verdade, estão mais distantes.

Quando os anjos silenciaram

Pai Celestial, faz tua obra em minha vida de forma que as pessoas reconheçam nela teu brilho. Ajuda-me a me libertar do egoísmo e do pecado que impedem que eu seja transformado segundo a tua imagem para expressar tua santidade. Em nome de Jesus. Amém.

4

Jesus lava os pés de seus discípulos

Estava sendo servido o jantar, e o diabo já havia induzido Judas Iscariotes, filho de Simão, a trair Jesus. Jesus [...] levantou-se da mesa, tirou sua capa [...] e começou a lavar os pés dos seus discípulos, enxugando-os com a toalha que estava em sua cintura.

João 13:2-5

Foi um longo dia. A cidade de Jerusalém está lotada de pessoas que vieram para as festividades da Páscoa, e muitos desejam ver o Mestre. O sol da primavera arde. As ruas estão cheias de poeira; e os discípulos, longe de casa. Um pouco de água fresca faria muito bem agora.

Um após o outro, os discípulos entram na sala e tomam seus lugares à mesa. Uma toalha está pendurada na parede, no chão há um jarro e uma bacia. Qualquer um poderia se oferecer para fazer o serviço, mas todos ficam sentados.

Após alguns momentos, Jesus se levanta e tira sua capa. Coloca uma toalha em volta de sua cintura, pega a bacia e se ajoelha diante de um dos seus discípulos. Abre sua sandália e cuidadosamente levanta seu pé, deita-o na bacia, molha-o com água e começa a lavá-lo.

Pé sujo após pé sujo, Jesus lava os pés dos seus discípulos. Nos dias de Jesus, a lavagem de pés era uma tarefa reservada não só aos servos, mas ao menor dos servos.

Nesse caso, o homem com a toalha e a bacia é o Rei do universo. As mãos que formaram as estrelas agora retiram a sujeira. Os dedos que formaram as montanhas agora massageiam os pés. E aquele diante do qual todas as nações se ajoelharão agora se ajoelha diante dos seus discípulos. Poucas horas antes da própria morte, a preocupação de Jesus é extraordinária.

Quer que seus discípulos saibam o quanto ele os ama.

Você pode ter certeza de que Jesus conhece o futuro daqueles cujos pés está lavando. Esses pés fugirão à primeira vista de uma espada romana. Apenas um único par de pés não o abandonará no jardim... Judas abandonará Jesus naquela mesma noite, enquanto ainda estiverem sentados à mesa.

Que momento intenso quando Jesus serenamente levanta os pés do seu traidor e os lava na bacia!

Jesus sabe o que esses homens estão prestes a fazer. Antes do amanhecer, esconderão seus rostos em vergonha e olharão para seus pés com repulsa. E quando o fizerem, Jesus quer que se lembrem de como ele se ajoelhou diante deles e lavou seus pés...

Perdoou seus pecados antes mesmo de os cometerem. Ofereceu sua misericórdia antes mesmo de rogarem por ela.

Simplesmente como Jesus

Rei do universo, queria imaginar-me lavando teus pés e sendo mais prestativo do que teus discípulos, mas sei que não corresponderia à verdade. Obrigado por amar-me, por lavar meus pés e oferecer-me tua misericórdia apesar de eu não merecê-la. Em nome de Jesus. Amém.

5

NO JARDIM

Então foram para um lugar chamado Getsêmani, e Jesus disse aos seus discípulos: "Sentem-se aqui enquanto vou orar." Levou consigo Pedro, Tiago e João, e começou a ficar aflito e angustiado.

Marcos 14:32-33

Acompanhe-me por um instante para testemunhar o que talvez foi a noite mais nebulosa da história. O cenário é muito simples; você o reconhecerá facilmente: um monte de oliveiras retorcidas; o chão coberto de grandes rochas; um muro baixo; uma noite muito, muito escura.

Agora observe a cena. Aproxime-se e olhe por entre a folhagem sombria. Consegue ver aquela figura solitária? Está deitada no chão, o rosto manchado de poeira e lágrimas. Seus punhos socam a terra. Os olhos estão arregalados de medo; seus cabelos, embaraçados de suor salgado. Aquilo na sua testa é sangue?

É Jesus. Jesus no jardim de Getsêmani.

Talvez você já tenha visto o retrato clássico de Jesus no jardim, vestido de branco e ajoelhado ao lado de uma grande rocha. As mãos dobradas em oração, e com uma expressão serena no rosto. Sobre sua cabeça, uma auréola.

O pintor não usou o evangelho de Marcos como referência. Quando Marcos escreveu sobre aquela noite cheia de dor, usou expressões como "começou a ficar aflito e angustiado", "minha alma está profundamente triste, em uma tristeza mortal" e "indo um pouco mais adiante, prostrou-se" (14:33-45).

Marcos usou tinta negra para descrever essa cena. Vemos um Jesus em agonia, tenso e relutante. Vemos um "homem de tristeza" (Isaías 53:3). Vemos um homem lutando contra o medo, relutando com aquilo que sabe ser sua obrigação e sedento por algum alívio.

Vemos Jesus na neblina de um coração partido.

Da próxima vez que você estiver em meio à neblina, lembre-se de Jesus no jardim. Da próxima vez que achar que ninguém o entende ou se preocupa com você, releia o capítulo 14 do evangelho de Marcos e faça uma visita ao jardim de Getsêmani. E da próxima vez que você se perguntar se Deus realmente percebe a dor que prevalece neste planeta poeirento, veja como ele implora entre aquelas árvores retorcidas.

Da próxima vez que você for chamado para sofrer, preste atenção.

Pode ser o momento de maior proximidade com Deus. Observe atentamente. É bem provável que a mão que se estende para guiá-lo para fora da neblina seja uma mão perfurada.

Por isso o chamam Salvador

Homem de tristeza, homem de luto, foi por mim que enfrentaste o terror de tomar sobre ti meu pecado. Não compreendo por que assumiste meu lugar e pleiteaste por minha vida. Dou graças e louvores a ti por teu supremo sacrifício. Em nome de Jesus. Amém.

6

Uma mistura de suor e sangue

Ele [Jesus] [...] ajoelhou-se e começou a orar: "Pai, se queres, afasta de mim este cálice; contudo, não seja feita a minha vontade, mas a tua." [...] o seu suor era como gotas de sangue que caíam no chão.

Lucas 22:41-44

O autor da epístola aos Hebreus cunhou estas palavras: "Durante os seus dias de vida na terra, Jesus ofereceu orações e súplicas, em alta voz e com lágrimas, àquele que o podia salvar da morte" (Hebreus 5:7).

É uma descrição surpreendente de Jesus. Nunca vimos seu rosto dessa maneira.

Um Jesus que ri — sim.

Um Jesus que chora — claro.

Um Jesus sério — também.

Mas um Jesus angustiado? O rosto marcado pelas lágrimas? O rosto banhado pelo suor? Gotas de sangue pingando de seu queixo?

Jesus não estava apenas angustiado; estava com medo. É notável o fato de ter sentido um medo tão profundo. Mas que bom que ele compartilhou isso conosco. Tendemos a fazer o contrário. Costumamos encobrir nossos medos; disfarçá-los; esconder nossas mãos suadas nos bolsos e ocultar a impotência que resseca nossa boca. Não foi o que Jesus fez. Não vemos nenhuma máscara que passe a aparência de força. Mas ouvimos sim um pedido por força.

"Pai, se queres, afasta de mim este cálice." O primeiro a ouvir seu medo é seu Pai. Poderia ter procurado sua mãe ou confessado seu medo aos discípulos. Poderia ter organizado uma reunião de oração. Tudo isso teria sido apropriado, mas não foi essa a sua prioridade.

Como Jesus suportou o terror da crucificação? Primeiro, levou suas lágrimas ao Pai. Tomou como exemplo as palavras de Salmos 56:3: "Quando estiver com medo, confiarei em ti."

Faça o mesmo com seus medos. Não fuja do jardim de Getsêmani da vida. Entre nele. Mas não entre sozinho. E enquanto estiver no jardim, seja sincero. Você pode socar a terra com seus punhos. Pode chorar. E se suar sangue, não será o primeiro a fazê-lo. Faça o que Jesus fez; abra seu coração.

3:16

Pai amado, venho a ti como Jesus o fez, com todos os meus medos e minhas fraquezas à vista. Tiro as máscaras por trás das quais me escondo e abro meu coração para ti. Dá-me a coragem para confiar em ti em tudo que estou enfrentando. Em nome de Jesus. Amém.

7
O TRAIDOR

O traidor havia combinado um sinal com eles, dizendo-lhes: "Aquele a quem eu saudar com um beijo, é ele; prendam-no." Dirigindo-se imediatamente a Jesus, Judas disse: "Salve, Mestre!", e o beijou.

Mateus 26:48-49

O que fazer quando a traição se aproxima? Fugir? Irritar-se? Dar o troco? Você precisa lidar com ela de alguma forma. Vejamos como Jesus lidou com a traição.

Comecemos observando como Jesus recebeu Judas. "Jesus perguntou: 'Amigo, o que o traz?'" (Mateus 26:50).

Eu teria chamado Judas de tudo, menos de "amigo".

O que Judas fez com Jesus foi cruel e injusto. Nada indica que alguma vez Jesus tenha tratado Judas injustamente. Durante a última ceia, quando Jesus disse aos discípulos que seu traidor estava sentado à mesa, eles não cochicharam, dizendo: "É o Judas. Jesus nos disse que ele faria isso." O Filho de Deus sabia, mas, mesmo assim, tratou seu traidor como seu fiel discípulo.

É mais injusto ainda se lembrarmos que os líderes religiosos não foram procurá-lo; foi Judas quem os procurou. Perguntou: "O que me darão se eu o entregar a vocês?" (Mateus 26:15). A traição teria sido mais aceitável se os líderes tivessem feito a oferta a Judas, mas não foi o que aconteceu. Foi ele quem fez a oferta.

E o método que Judas escolheu... Por que tinha de ser um beijo? E por que tinha de chamá-lo de "Mestre"? É um título de respeito.

Há falta de congruência entre suas palavras, seus atos e suas ações — eu nunca teria chamado Judas de "amigo". Mas foi exatamente isso que Jesus fez.

Por quê? Jesus viu algo que nós não conseguimos enxergar. Sabia que Judas havia sido seduzido por um adversário poderoso. Estava ciente do veneno contido nos sussurros de Satanás. Conhecia as dificuldades de Judas de fazer o que era certo.

Não justificou ou minimizou a traição de Judas. Tampouco desculpou sua escolha. Mas encarou seu traidor de frente e tentou entendê-lo.

Toda vez que você odiar seu inimigo, uma porta da prisão é trancada e alguém é feito prisioneiro. Mas quando você tenta compreendê-lo e o liberta de seu ódio, um prisioneiro fica livre, e esse prisioneiro é você.

Quando os anjos silenciaram

Senhor, se tu consegues perdoar Judas por sua terrível traição, sei que posso fazer o mesmo por aqueles que me traíram e prejudicaram. Liberta meu coração do ódio e da amargura que me mantêm prisioneiro. Ajuda-me a amar como tu amas. Em nome de Jesus. Amém.

8
A TRAIÇÃO

Judas foi para o olival, levando consigo um destacamento de soldados e alguns guardas enviados pelos chefes dos sacerdotes e fariseus.

João 18:3

Sempre imaginei que Jesus havia sido preso no jardim de Getsêmani por um punhado de soldados. Estava enganado. No mínimo duzentos soldados foram enviados para lidar com um carpinteiro e seus onze amigos!

Estavam presentes também "alguns guardas". Tratava-se da polícia do templo. Seu trabalho era vigiar o Santo dos Santos durante a época mais agitada do ano. Eram escolhidos entre os melhores filhos de Israel.

Estava lá também Judas. Membro do círculo mais próximo de Jesus. Satanás havia recrutado não só romanos e judeus, mas havia se infiltrado também no gabinete. O inferno estava regozijando. Não havia como escapar. Satanás cortara todas as rotas de fuga. Seus tenentes anteciparam todos os movimentos, menos um.

Jesus não pretendia fugir. Não queria escapar. Não tinha chegado ao jardim para bater em retirada. O que encontraram entre as árvores do jardim não foi um covarde; encontraram um vitorioso.

Quando Jesus confirma ao bando que viera prendê-lo, "Eu sou quem vocês estão procurando", ele revela seu poder. Sua voz derruba a primeira pedra do dominó, e todos caem em seguida. Estão aí os melhores soldados com o melhor plano de Satanás; no entanto, basta uma palavra de Jesus para que duzentos soldados sejam enterrados sob uma pilha de escudos, espadas e lanternas. Observe o simbolismo disto: quando Jesus fala, Satanás cai.

Não importa quem o mal recruta, não importa nem mesmo que seja um dos apóstolos originais, escolhido a dedo. Os melhores homens de Satanás derretem feito cera na presença de Cristo.

Satanás invadiu o jardim da sua vida? Profanou uma parte sagrada do seu mundo? Seu casamento? Sua pureza? Sua honestidade? Se assim for, permita que Jesus reconquiste sua perda. Hoje. Agora. Antes de você virar a página.

Abra o portão para Deus. Ele entrará e fará o que fez em Getsêmani. Ele orará e protegerá.

Ouvindo Deus na tormenta

Grande Vitorioso, com alegria abro os portões da minha vida para ti e peço que entres. Vês onde o inimigo a invadiu e a destruiu. Vem, Senhor Jesus, vem e fala tuas palavras de verdade e de poder dentro da minha vida e purifica o meu templo. Em teu nome, Jesus. Amém.

9

Pedro nega conhecer Jesus

"Ainda que todos te abandonem, eu nunca te abandonarei."

Mateus 26:33

Pedro se gabou e caiu. Fez o que jurara nunca fazer. Tropeçou e caiu de cara na cova dos próprios medos. Uma guerra estava sendo travada dentro do pescador.

Naquele momento, o instinto de sobrevivência bateu de frente com sua lealdade a Cristo, e durante alguns instantes a lealdade venceu. Pedro se levantou, saiu do seu esconderijo e seguiu o barulho até descobrir os jurados na corte de Caifás à luz das tochas.

Parou perto de uma fogueira e esquentou as mãos. Outras pessoas que estavam ali o reconheceram. "Você estivera com ele", o desafiaram, "você estivera com o nazareno". Três pessoas disseram a mesma coisa, e três vezes Pedro o negou. E três vezes Jesus o ouviu.

Por favor, entenda que o personagem principal nesse drama de negação não é Pedro, mas Jesus, que conhece o coração de todas as pessoas, sabia que seu amigo o estava negando. Três vezes o sal da traição de Pedro ardeu nas feridas do Messias.

Como sei que Jesus sabia? Por causa daquilo que fez. Então "o Senhor voltou-se e olhou diretamente para Pedro" (Lucas 22:61). Quando o galo cantou, Jesus se virou. Seus olhos procuraram Pedro e então o encontraram. Naquele momento, não havia soldados, acusadores nem sacerdotes.

Naquele momento antes do amanhecer havia apenas duas pessoas em Jerusalém — Jesus e Pedro.

Pedro nunca se esqueceria daquele olhar. Apesar de durar apenas alguns segundos, o marcou para sempre.

Ele ainda remove pedras

Bondoso Pai, quero entender o que significa ter um relacionamento verdadeiro com teu Filho. Ajuda-me a manter-me tão próximo de Jesus para que eu possa ver seu rosto, mesmo quando eu falhar. Sintoniza meu coração com aquilo que o alegra e entristece. Em nome de Jesus. Amém.

10
O julgamento diante de Pilatos

Jesus foi posto diante do governador, e este lhe perguntou: "Você é o rei dos judeus?" Respondeu-lhe Jesus: "Tu o dizes."

Mateus 27:11

O julgamento mais famoso da história está prestes a começar. Dois soldados acompanham o juiz pela escada de pedra da fortaleza até o amplo tribunal. Um trono majestoso se ergue em um pedestal cinco degraus acima do chão. O magistrado sobe e se senta. O acusado é trazido para a sala e colocado diante dele. Segue uma procissão de líderes religiosos, que se posicionam de um lado da sala e lá ficam de pé.

Pilatos observa a figura solitária. "Você é o rei dos judeus?"

Jesus levanta os olhos pela primeira vez. Não ergue a cabeça, mas levanta os olhos. Olha para o procurador por debaixo de suas sobrancelhas. Pilatos se surpreende com o tom de voz de Jesus.

"Tu o dizes."

Antes que Pilatos possa responder, o grupo de líderes judeus começa a zombar de Jesus.

Pilatos não os ouve. *Tu o dizes.* Nenhuma defesa. Nenhuma explicação. Nenhum traço de pânico.

Por quantas vezes Pilatos se sentara ali? É um assento curul: em azul-cobalto, com grossas pernas ornamentadas. A tradicional cadeira de decisão. Daqui, ele proclama seus veredictos.

Quantos apelos foram dirigidos a ele nesse trono? Quantos olhos arregalados já olharam para ele, implorando por sua misericórdia para que ele os libertasse?

Mas os olhos do nazareno estão calmos e silenciosos. Não o fixam. Pilatos procura descobrir algum traço de angústia... ou raiva. Não encontra nada. Mas o que encontra deixa-o abalado novamente.

Não está com raiva de mim. Não tem medo... Parece entender.

A observação de Pilatos é correta. Jesus não tem medo, não está com raiva nem à beira de um ataque de pânico, pois não está surpreso. Jesus conhece sua hora, e ela chegou.

Pilatos também acerta ao perguntar: "Que farei então com Jesus, chamado Cristo?" (Mateus 27:22).

Talvez você também queira saber quem é esse homem que chamam de Jesus. Suas reivindicações o surpreendem e suas paixões o comovem.

A pergunta de Pilatos é também a sua: "O que farei com esse homem, Jesus?"

Você tem duas escolhas.

Pode rejeitá-lo. Pode decidir que a ideia de Deus se tornar um carpinteiro é absurda demais — e virar as costas.

Ou pode aceitá-lo. Pode caminhar com ele. Pode ouvir sua voz e segui-lo.

Quando os anjos silenciaram

Meu Senhor e Salvador, obrigado por convidar-me a caminhar contigo! Alegro-me em seguir-te e ouvir a tua voz. És o grande e poderoso Rei, e tu és minha escolha. Em teu precioso nome, Jesus. Amém.

11
Lavagem de mãos

Pela terceira vez ele lhes falou: "Por quê? Que crime este homem cometeu? Não encontrei nele nada digno de morte. Vou mandar castigá-lo e depois o soltarei." Eles, porém, pediam insistentemente, com fortes gritos, que ele fosse crucificado; e a gritaria prevaleceu.

Lucas 23:22-23

Pilatos quase realizou o que teria sido o maior ato de misericórdia da história. Quase perdoou e libertou o Príncipe da Paz. *Quase*. Tinha o poder. Tinha a escolha. Tinha o anel de sinete, símbolo de autoridade.

Mas outras vozes prevaleceram. E, em decorrência disso, o orgulho de Pilatos prevaleceu. O medo de Pilatos prevaleceu. Sobrepujou sua fome pelo poder.

Pilatos poderia ter ouvido a voz de Jesus. Poderia ter dado ouvidos à voz de sua esposa, que o advertiu. Poderia ter dado ouvidos à própria voz. Reconhecera que esse julgamento não passava de uma farsa.

Poderia ter ouvido outras vozes. Mas não o fez. Quase o fez. Mas não o fez. A voz de Satanás prevaleceu.

Sua voz predomina muitas vezes. Você já ouviu seus galanteios?

"Uma única vez não vai fazer mal nenhum." "Ela nunca ficará sabendo." "Outras pessoas fazem coisas bem piores."

Sua retórica de racionalização nunca se cala. O pai da mentira corteja e seduz.

Deus, por sua vez, nunca debate com Satanás. A verdade não grita. Ele pede em silêncio, sempre presente. Sem truques, sem tentações, sempre com suas provas à vista.

Pilatos aprendeu de forma dolorosa que essa postura do "quase" é suicida. As outras vozes vencerão. Seu chamado é convincente demais. E Pilatos aprendeu que não existe inferno mais escuro do que o arrependimento. Você pode lavar suas mãos mil vezes, mas isso não o livrará da culpa de ter ignorado uma oportunidade.

Jesus nunca deu nem dá espaço ao "quase". Ou você é por ele ou é contra ele.

Por isso o chamam Salvador

Príncipe da Paz, a voz do inimigo tem sido forte na minha vida e ela tem me ludibriado a acreditar em todo tipo de mentira. Fala comigo agora, Senhor, e deixa-me ouvir a tua voz claramente. Que jamais possam dizer que eu quase ouvi e quase te segui. Eu te seguirei! Em nome de Jesus. Amém.

12
Expiação de pecados

Era necessário que ele se tornasse semelhante a seus irmãos em todos os aspectos, para se tornar sumo sacerdote misericordioso e fiel com relação a Deus e fazer propiciação pelos pecados do povo.

Hebreus 2:17

Cristo viveu a vida que nós não conseguimos viver e tomou sobre si o castigo que não conseguimos tomar sobre nós, apenas para oferecer a esperança à qual não conseguimos resistir.

Por quê?

Jesus se irritou a ponto de purificar o templo.

Sentiu fome a ponto de comer grãos crus.

Ficou angustiado a ponto de chorar em público.

Gostava de se divertir a ponto de ser chamado de bêbado.

Era cativante a ponto de atrair crianças.

Sentiu cansaço a ponto de dormir em um barco em meio à tempestade.

Era pobre a ponto de dormir na poeira.

Era radical a ponto de ser expulso da cidade.

Era responsável a ponto de cuidar de sua mãe.

Foi tentado a ponto de sentir o cheiro de Satanás.

E sentiu medo a ponto de suar sangue.

Por quê? Por que o Filho mais nobre do céu passaria pela pior dor da terra? Para que você soubesse que "ele é capaz de socorrer aqueles que também estão sendo tentados" (Hebreus 2:18).

Não importa o que você esteja enfrentando, ele sabe como você se sente.

Quando você pede sua ajuda, ele vem socorrê-lo. Por quê? Ele sabe como você se sente. Ele passou pela mesma dor.

Ele não se envergonha de você. Tampouco você o deixa confuso. Seus atos não o irritam. Sua auréola torta não o incomoda. Então, vá até ele.

O Salvador mora ao lado

Filho de Deus, não há nada que eu esteja enfrentando ou que jamais enfrentarei que tu não tenhas enfrentado, suportado e superado. E a maior maravilha é que vens me socorrer quando preciso de tua ajuda. Venho a ti agora. Aproxima-te de mim, Jesus. Em teu nome. Amém.

13
Os soldados queriam o sangue de Jesus

Então Pilatos [...] mandou açoitar Jesus e o entregou para ser crucificado.

Então, os soldados do governador levaram Jesus ao Pretório e reuniram toda a tropa ao seu redor [...] e ajoelhando-se diante dele, zombavam: "Salve, rei dos judeus!" Cuspiram nele e, tirando-lhe a vara, batiam-lhe com ela na cabeça. Depois de terem zombado dele, tiraram-lhe o manto e vestiram-lhe suas próprias roupas. Então o levaram para crucificá-lo.

Mateus 27:26-31

Os soldados? Queriam ver sangue.

Então açoitaram Jesus. O açoite dos legionários era feito de tiras de couro com pedaços de chumbo afixados em suas pontas. Eles tinham um único propósito: surrá-lo a ponto de quase morrer e então parar. A lei permitia 39 chicotadas, mas raramente eram necessárias. Um centurião monitorava o estado do prisioneiro. Sem dúvida alguma, Jesus estava quase morto quando desamarraram suas mãos, e ele caiu no chão.

As chicotadas foram a primeira ação dos soldados. A crucificação foi a terceira. Não culpamos os soldados por essas duas ações. Afinal de contas, estavam apenas cumprindo ordens. Mas o que achamos difícil de entender é o que fizeram entre as duas ações.

A missão dos soldados era simples: levar o nazareno até o monte e matá-lo.

Mas tiveram outra ideia. Queriam se divertir antes. Soldados fortes, descansados e armados cercaram um carpinteiro da Galileia exausto e semimorto e zombaram dele. O açoitamento havia sido ordenado. A crucificação também. Mas quem se divertiria cuspindo em um homem semimorto?

Cuspe não fere o corpo — é fisicamente impossível. Cuspir pretende humilhar a alma, e é isso que faz. O que os soldados estavam fazendo? Não estavam se divertindo à custa de outro? Sentiam-se fortes com a fraqueza de Cristo.

O cuspe dos soldados simboliza a sujeira em nosso coração. Agora, observe o que Jesus faz com nossa sujeira. Ele a carrega para a cruz.

Através do profeta, ele disse: "Não escondi a face da zombaria e dos cuspes." (Isaías 50:6). A essência do nosso pecado se misturou com seu sangue e seu suor.

Deus poderia ter providenciado outro decurso. Segundo o seu plano, ofereceram vinho a Jesus. Mas por que não uma toalha para seu rosto? Simão carregou a cruz para Jesus, mas não enxugou sua face. Anjos estavam próximos. Não poderiam ter limpado a saliva?

Poderiam ter feito isso, mas Jesus nunca pediu que o fizessem. Pelo mesmo motivo, aquele que escolheu os cravos escolheu também a saliva. Juntamente à lança e à esponja do homem, suportou também o cuspe do homem.

O Homem sem pecado assumiu a face de um pecador para que os pecadores pudessem assumir a face de um santo.

Ele escolheu os cravos

Senhor impecável, não existe uma diminuição do nível de indignidade do nosso coração? Como podemos nos divertir zombando e desprezando outros? Obrigado por carregar a essência do meu pecado até a cruz e pregá-la àquela madeira... para sempre. Em nome de Jesus. Amém.

14
Coroa de espinhos

Tiraram-lhe as vestes e puseram nele um manto vermelho; fizeram uma coroa de espinhos e a colocaram em sua cabeça. Puseram uma vara em sua mão direita.

Mateus 27:28-29

Um soldado anônimo pegou alguns galhos — grandes o bastante para apresentarem espinhos e novos o bastante para ainda serem flexíveis — e fez deles uma coroa de zombaria, uma coroa de espinhos.

Nas Escrituras, os espinhos não simbolizam o pecado, mas a consequência do pecado. Lembra-se do Éden? Após Adão e Eva terem pecado, Deus amaldiçoou a terra: "Maldita é a terra por sua causa [...]. Ela lhe dará espinhos e ervas daninhas, e você terá de alimentar-se das plantas do campo" (Gênesis 3:17-18). Espinhos na terra são o produto do pecado no coração.

Os frutos do pecado são os espinhos — espinhos pontudos, que espetam e cortam.

Enfatizo os espinhos para guiá-lo para algo que talvez nunca tenha percebido: se os frutos do pecado são os espinhos, a coroa de espinhos na testa de Jesus não seria uma imagem do fruto do nosso pecado que furou seu coração?

Qual é o fruto do pecado? Entre no campo de roseiras bravas da humanidade e sinta suas espetadas.

Vergonha. Medo. Humilhação. Desencorajamento. Ansiedade. Nosso coração não está preso nesses espinhos?

O coração de Jesus, porém, não estava preso. Nunca havia sido ferido pelos espinhos do pecado.

O que você e eu encaramos diariamente, ele nunca conheceu. Ansiedade? Ele nunca se preocupara. Culpa? Nunca se tornara culpado. Medo? Nunca saiu da presença de Deus! Jesus nunca conheceu os frutos do pecado... Até fazer-se pecado por nós.

Ele o fez por você. Só por você.

Ele escolheu os cravos

Senhor, estou ciente dos espinhos do pecado que feriram teu coração. Livra-me das ervas daninhas e das roseiras selvagens que me mantêm afastado da alegria da tua presença. Em nome de Jesus. Amém.

15
Simão de Cirene carrega a cruz de Jesus

Certo homem de Cirene, chamado Simão, pai de Alexandre e de Rufo, passava por ali, chegando do campo. Eles [os soldados] o forçaram a carregar a cruz.

Marcos 15:21

Quatro soldados. Um criminoso. Quatro lanças. Uma cruz.

Simão, um fazendeiro, está no meio da multidão e não consegue ver o rosto do homem, apenas a cabeça adornada com galhos espinhentos.

O ângulo inferior da cruz pesa sobre o ombro do condenado. Sua base arrasta no chão. Sua ponta balança no ar. O homem condenado estabiliza a cruz da melhor maneira possível, mas vacila sob seu peso. Ele se ergue e tenta seguir em frente, antes de cair novamente.

Um centurião mal-humorado se irrita com cada atraso. Insulta o criminoso e a multidão. "Mais rápido!"

Sem chance, Simão diz para si mesmo.

O homem que carrega a cruz para em frente a Simão e tenta recuperar o ar. Este recua diante daquilo que vê: a viga que se esfrega contra a carne viva do ombro; o sangue que escorre pelo rosto do homem. Sua boca está aberta, o homem ofega de dor.

"Seu nome é Jesus", alguém sussurra.

"Andando!", grita o executor.

Mas Jesus não consegue. Seu corpo se inclina e seus pés se esforçam, mas não consegue se mexer. A viga começa a balançar. Jesus tenta estabilizá-la, mas sem sucesso. Como uma árvore recém-cortada, a cruz começa a cair em direção à multidão. Todos recuam, com exceção do fazendeiro.

Instintivamente, Simão estende seus braços e segura a cruz.

Jesus cai de cara na poeira e não se mexe. Simão ergue a cruz. O centurião olha para o Cristo exausto e para o espectador robusto e dentro de um instante toma uma decisão. Aponta sua lança para Simão.

"Você! Pegue a cruz!"

Simão ousa reclamar: "Senhor! Eu nem conheço este homem!"

"Não me importa. Pegue a cruz!"

Simão resmunga, dá um passo à frente e equilibra a madeira em seu ombro, sai do anonimato da história e se torna o primeiro entre milhões a tomar sobre si a cruz e a seguir a Cristo.

Esse fazendeiro fez literalmente o que Deus quer que façamos metaforicamente: tomar a cruz e seguir Jesus. "Se alguém quiser acompanhar-me, negue-se a si mesmo, tome diariamente a sua cruz e siga-me" (Lucas 9:23).

Todo dia é um dia especial

Querido Senhor, foi pela alegria apresentada a ti que suportaste a cruz. Decido tomar neste dia a cruz que me dás e seguir-te para onde quer que me guies. Decido encontrar minha alegria em ti. Em nome de Jesus. Amém.

16
Calvário

[...] tendo os olhos fitos em Jesus, autor e consumador da nossa fé. Ele, pela alegria que lhe fora proposta, suportou a cruz, desprezando a vergonha, e assentou-se à direita do trono de Deus.

Hebreus 12:2

Acompanhe-me até o monte do Calvário. Observe como os soldados empurram o carpinteiro, jogam-no no chão e estendem seus braços na viga. Um dos soldados fixa o antebraço com o próprio joelho e coloca um prego sobre sua mão. Jesus se volta para olhar o prego no mesmo instante em que o soldado levanta o martelo.

Jesus não poderia ter impedido sua ação? Poderia ter resistido com uma flexão do bíceps, com uma esticada de punho. Não foi esta a mesma mão que acalmou as ondas do mar? Que ressuscitou os mortos?

Mas seu punho permanece onde está... e a ação não é interrompida.

A marreta ressoa, a pele rasga e o sangue, que no início só goteja, começa a escorrer. Então, surgem as perguntas: Por quê? Por que Jesus não resistiu?

"Porque ele nos amou", respondemos. Isso é verdade, é uma verdade maravilhosa, mas — me perdoe — é apenas parte da verdade. Existe outra razão. Jesus viu algo que o convenceu a permanecer ali. Enquanto o soldado segurava seu braço, Jesus virou a cabeça para o lado e, com seu rosto encostando na madeira, viu:

Um martelo? Sim.

Um prego? Sim.

A mão do soldado? Sim.

Mas viu também outra coisa. Entre sua mão e a madeira, havia uma lista. Uma longa lista dos nossos erros: nossos desejos e nossas mentiras; nossos momentos de ganância e nossos anos pródigos. Uma lista dos nossos pecados.

As decisões ruins do ano passado. As atitudes negativas da semana passada. Ali, em plena luz do dia e à vista de todas as criaturas do céu, estava a lista dos nossos erros.

Ele viu a lista! Sabia que o preço daqueles pecados era a morte. Sabia que a fonte daqueles pecados era você, e pelo fato de não suportar a ideia de passar a eternidade sem você, ele escolheu os cravos.

3:16

Pai Celestial, viste a lista com meu nome, tu a pregaste na cruz com Jesus. Obrigado por ter apagado aquela longa lista com a morte e ressurreição de Jesus. É bom estar livre! Em nome de Jesus. Amém.

17
A inscrição na cruz de Cristo

Pilatos mandou preparar uma placa e pregá-la na cruz, com a seguinte inscrição:

JESUS NAZARENO,

O REI DOS JUDEUS.

João 19:19

Uma inscrição feita à mão, encomendada por um romano.

Por que essa placa é afixada acima da cabeça de Jesus? Por que suas palavras incomodam os judeus e por que Pilatos se recusa a mudá-las? Por que as palavras são escritas em três línguas diferentes?

Seria possível que esse pedaço de madeira fosse uma imagem da devoção de Deus? Um símbolo de sua paixão de falar ao mundo sobre seu Filho? Um lembrete de que Deus fará de tudo para compartilhar com você a mensagem dessa placa?

A intenção de Pilatos era ameaçar os judeus e zombar deles. Mas Deus tinha outro propósito... Pilatos serviu como instrumento de Deus para proclamar o evangelho. Sem se dar conta disso, foi o secretário dos céus. Deus lhe ditou as palavras, e Pilatos as escreveu na placa.

Todos os passantes podiam ler a placa, pois todos sabiam ler o hebraico, o latim ou o grego — as três línguas do mundo da antiguidade. "O hebraico era a língua de Israel, a língua da religião; o latim era a língua dos romanos, a língua da lei e do governo; e o grego era a língua da Grécia, a língua da cultura. Cristo foi declarado rei em todas elas."[1] Deus tinha uma mensagem para cada uma das línguas: "Cristo é rei." A mensagem era a mesma, mas as línguas eram diferentes. Já que Jesus era

[1] Blinzler, Josef. *The Trial of Jesus: The Jewish and Roman Proceedings Against Jesus Christ Described and Assessed from the Oldest Accounts*. Tradução de Isabel McHugh e Florence McHugh.Westminster, MD: The Newman Press, 1959. p. 1038.

o rei de todos os povos, a mensagem precisava ser escrita na língua de todos.

Não existe língua que ele não fale. O que nos leva a uma pergunta encantadora: Em que língua ele fala com você? Não estou me referindo a um idioma ou dialeto, mas ao drama diário da sua vida. Você sabe que Deus fala. Fala em qualquer língua que possamos compreender.

Ele escolheu os cravos

Grande Deus do universo, Rei dos judeus, obrigado por falar comigo em uma língua que só eu consigo entender. Ajuda-me a aprender a perceber tua voz em tua Palavra e em todas as outras maneiras que usas para falar comigo. Em nome de Jesus. Amém.

18
ELE VESTIU NOSSO PECADO

Os soldados tomaram as roupas dele e as dividiram em quatro partes, uma para cada um deles, restando a túnica. Esta, porém, era sem costura, tecida numa única peça, de alto a baixo.

João 19:23

Deve ter sido a peça mais cara que Jesus possuía. Segundo a tradição judaica, a mãe costumava fazer uma túnica desse tipo e a entregava ao filho como presente de despedida quando ele saía da casa paterna. Será que Maria fizera essa túnica para Jesus? Não sabemos. Mas sabemos que a túnica não apresentava costura, que havia sido tecida em uma única peça. Por que isso é importante?

Para descrever nossa conduta, as Escrituras recorrem com frequência às roupas que vestimos. Pedro encoraja a "revestir-vos de humildade" (1Pedro 5:5, ACF). Davi fala de pessoas más que vestem "a maldição como uma roupa" (Salmos 109:18). As vestimentas podem ser símbolo do caráter, e o caráter de Jesus era pura perfeição ininterrupta, igual à sua túnica.

O caráter de Jesus era um tecido sem costura, tecido do Céu à Terra... Dos pensamentos de Deus à compaixão de Jesus. Da palavra de Deus à resposta de Jesus. Uma só peça.

Mas quando foi pregado na cruz, ele tirou sua perfeita túnica sem costura e se revestiu com outra roupa, a roupa da indignidade.

A indignidade da nudez. Despido diante da própria mãe e de seus entes amados. Envergonhado diante de sua família.

A indignidade do fracasso. Durante algumas horas cheias de dor, os líderes religiosos eram os vencedores, e Cristo parecia ter perdido. Uma vergonha diante de seus acusadores.

Mas o pior de tudo é que ele vestiu *a indignidade do pecado*. "Ele mesmo levou em seu corpo os nossos pecados sobre o madeiro" (1Pedro 2:24).

As roupas de Cristo na cruz? O pecado — seu e meu. Os pecados de toda humanidade.

3:16

Senhor Jesus, humilde, entro em tua presença, sem saber como expressar a maravilha que sinto. O fato de teres te humilhado a ponto de suportares tamanha indignidade e vergonha e de vestires meus pecados é expressão de um amor que transcende em muito a minha compreensão. Por favor, aceita meu louvor. Em teu nome. Amém.

19

Perto da cruz, mas longe de Cristo

"Não a rasguemos", disseram uns aos outros. "Vamos decidir por sorteio quem ficará com ela."

João 19:24

Jogaram dados ao pé da cruz.

Imagine a cena: os soldados reunidos em um círculo, seus olhos voltados para o chão. Já se esqueceram do criminoso pendurado lá em cima. Estão sorteando as últimas posses de Cristo.

Temos aqui soldados comuns que não têm a menor ideia de que estão testemunhando o evento mais incomum do mundo. A seu ver, ele é apenas mais um criminoso. Já se esqueceram da cruz.

Aí, começo a refletir sobre nós. Os religiosos. Aqueles que reivindicam o legado da cruz. Estou pensando em todos nós. Em cada crente do país. Nos conservadores. Nos relaxados. Nos rígidos. Nos simples. Na igreja superior. Na igreja inferior. Nos "cheios do Espírito". Nos evangélicos. Nos místicos. Nos literais. Nos cínicos. Nas batinas. Nos colarinhos. Nos ternos. Nos nascidos de novo. Nos que dizem amém para tudo.

Acho que não somos tão diferentes daqueles soldados. (Sinto ter de dizer isso.)

Nós também nos divertimos jogando ao pé da cruz. Competimos por membros. Lutamos por posições e *status*. Julgamos e condenamos. Competição. Egoísmo. Lucro pessoal. Está tudo aí.

Tão perto da cruz, mas tão longe do sangue.

Estamos tão próximos do evento mais incomum do mundo, mas agimos como jogadores de dados ordinários, reunidos em grupos que discutem e brigam por causa de opiniões tolas.

Somos mestres do trivial, e não nos cansamos de encontrar falhas no outro. Separamo-nos em pequenos grupos e então nos separamos de novo. Outro nome. Outra doutrina. Outro "erro". Outra denominação. Outra rodada de pôquer.

Tão perto da cruz, mas tão longe de Cristo.

"Para que todos sejam um", Jesus orou.

Um. Não um em grupos de dois mil. Mas um em Um. Uma igreja. Uma fé. Um Senhor. Não batista, não metodista, não adventista. Apenas cristão. Sem denominações. Sem hierarquias. Sem tradições. Apenas Cristo.

Em uma madeira, o Criador deu a vida pela sua criação. Talvez precisemos apenas de alguns corações dispostos a seguir seu exemplo.

Por isso o chamam Salvador

Gracioso Pai, realmente preciso vivenciar tua graça ao pé da cruz. Liberta-me das armadilhas da religião e ajuda-me a descobrir o que significa ser um com Jesus e um com os outros cristãos. Cristo é tudo que preciso. Em nome de Jesus. Amém.

20

DOIS LADRÕES, DUAS CRUZES

Quando chegaram ao lugar chamado Caveira, ali o crucificaram com os criminosos, um à sua direita e o outro à sua esquerda.

Lucas 23:33

O monte da Caveira — rochoso e castigado pelo vento. Dois ladrões — exaustos e pálidos. Jesus é crucificado entre eles.

É um dilema inexplicável — como duas pessoas podem ouvir as mesmas palavras e ver o mesmo Salvador, mas apenas um consegue ver esperança, enquanto o outro não vê nada além de si mesmo.

Cínico como o resto da multidão, um dos ladrões exclama: "Você não é o Cristo? Salve-se a si mesmo e a nós!" (Lucas 23:39).

Talvez o ladrão que iniciou a zombaria esperava que o outro entendesse a dica e se juntasse a ele. Mas não foi o que aconteceu. O que o criminoso amargurado de língua afiada ouviu eram palavras de defesa.

"Você não teme a Deus?"

Quando todos parecem ter abandonado Jesus, um ladrão se posiciona entre Jesus e seus acusadores, e o defende.

"Você não teme a Deus, nem estando sob a mesma sentença? Nós estamos sendo punidos com justiça, porque estamos recebendo o que nossos atos merecem. Mas este homem não cometeu nenhum mal" (Lucas 23:40-41).

Os soldados levantam os olhos. Os sacerdotes interrompem sua conversa. Maria enxuga suas lágrimas e olha para o alto.

Talvez o próprio Jesus se volte para ele. Talvez se volte para ele para ver aquele que levantou sua voz quando todos os outros se calaram. Talvez ele tenha dificuldades de focar seus olhos naquele que ofereceu o último gesto de amor enquanto ainda vivia. Pergunto-me: *Será que Jesus sorriu quando aquela ovelha entrou em seu pasto?*

Pois é exatamente isso que esse ladrão está fazendo. Está correndo para o abrigo no momento em que o portão se fecha. A afirmação do ladrão contém os dois fatos que todos que pretendem vir a Jesus precisam reconhecer.

"Estamos recebendo o que os nossos atos merecem. Mas este homem não cometeu nenhum mal" (Lucas 23:41).

Jesus não está na cruz por causa de seus pecados. Está lá por causa dos nossos pecados.

E quando o ladrão compreende isso, seu pedido parece lógico. Ao olhar para o rosto de sua última esperança, pede aquilo que todos os cristãos pedem:

"Lembra-te de mim quando entrares no teu Reino" (Lucas 23:42).

Seis horas de uma sexta-feira

Pai, obrigado pela revelação que chega a nós por meio daquele criminoso na cruz. Olho para Jesus como minha única esperança de salvação e vida eterna, sabendo muito bem que não mereço nenhuma das duas. Obrigado por me dares um lugar no teu reino. Em nome de Jesus. Amém.

21

A HISTÓRIA DO LADRÃO CRUCIFICADO

Jesus lhe respondeu: "Eu lhe garanto: hoje você estará comigo no paraíso."

Lucas 23:43

Se existia uma pessoa sem qualquer valor, era ele. Se existia alguém que merecesse morrer, isso provavelmente valia para ele. Não existia perdedor maior.

Talvez essa tenha sido a razão pela qual Jesus o escolheu para demonstrar o que pensava da raça humana.

Talvez esse criminoso tinha ouvido o Messias falar. Talvez o tinha visto demonstrando seu amor aos pobres. Talvez tinha testemunhado Jesus comendo na rua com os marginais, os bandidos, os consumidores de drogas. Talvez não. É possível que a única coisa que sabia a respeito desse Messias era aquilo que estava vendo agora: um pregador surrado, açoitado, pregado à cruz. Sangue escorrendo pelo rosto, crânio aparecendo por baixo dos espinhos, pulmões tentando respirar.

Algo, porém, lhe dizia que nunca estivera tão bem acompanhado. E de alguma forma ele percebeu que, apesar de lhe restar apenas a oração, finalmente encontrara aquele a quem podia dirigi-la.

"Cara, existe alguma chance de você interceder por mim?"

"*Tá* feito."

Agora, por que Jesus fez isso? Por que prometer a esse homem desesperado um lugar de honra à mesa celestial? O que esse malandro poderia oferecer em troca?

E é exatamente este o ponto. O amor de Jesus não depende daquilo que possamos fazer por ele. Nem um pouco. Aos olhos do Rei, você é precioso simplesmente pelo fato de existir. Não precisa ser bonito ou ter um desempenho maravilhoso. Seu valor é inato.

Isso me faz sorrir porque sei que não mereço um amor desse tipo. Nenhum de nós merece. Todos nós — até a pessoa mais pura de todas — merecemos o céu tanto quanto o ladrão o merecia. Todos nós estamos usando o cartão de crédito de Jesus, não o nosso.

Por isso o chamam Salvador

Pai, amo o fato de Jesus ter dito "garanto". O ladrão desesperado precisava ouvir isso, e eu também preciso. Obrigado por me amares do jeito que sou. Aguardo o momento em que estarei contigo quando "meu dia" chegar. Em nome de Jesus. Amém.

22

"Pai, perdoa-lhes"

"O Cristo, o Rei de Israel... Desça da cruz, para que o vejamos e creiamos!" Os que foram crucificados com ele também o insultavam.

Marcos 15:32

De tudo aquilo que aconteceu ao pé da cruz, esta é a cena que mais me irrita. Que tipo de pessoa zombaria de um homem à beira da morte? Que tipo de pessoa seria tão vulgar a ponto de esfregar o sal do insulto em feridas abertas?

Aquelas palavras foram ditas para machucar. E não existe coisa mais dolorosa do que palavras cuja intenção seja ferir.

Se você já sofreu ou está sofrendo por causa das palavras de outra pessoa, você ficará feliz ao saber que existe uma pomada para esse tipo de ferimento. Medite sobre estas palavras: "Quando insultado, não revidava; quando sofria, não fazia ameaças, mas entregava-se àquele que julga com justiça" (1Pedro 2:23).

Jesus não devolveu, não respondeu. Não disse: "Ainda vou te pegar." "Sobe aqui e repita isso na minha cara!" "Espera só até eu ressuscitar, amiguinho!" Não, Jesus não disse nada disso.

Simplesmente entregou o julgamento nas mãos de Deus. Não assumiu a tarefa de buscar vingança. Não exigiu desculpas. Não contratou nenhum assassino de aluguel, tampouco mandou um bando dar-lhes uma lição. "Pai, perdoa-lhes, pois não sabem o que estão fazendo"(Lucas 23:34).

Pensando bem, eles realmente não faziam ideia do que estavam fazendo. Era uma multidão agitada, irritada com algo que não conseguia ver, então, descarregou seu ódio justamente em Deus. Mas aquelas pessoas não sabiam o que estavam fazendo.

Sim, o diálogo na manhã daquela sexta-feira foi amargo. As pedras verbais lançadas pretendiam machucar. Não consigo compreender como Jesus — corpo latejando de tanta dor, olhos cegados pelo próprio sangue, pulmões tentando respirar — pôde defender aquele bando de gente sem coração.

Jamais, jamais vi tamanho amor. Se alguém merecia se vingar, essa pessoa era Jesus. Mas ele não o fez. Em vez disso, morreu por eles. Como pôde fazer aquilo? Não sei. Mas sei que, de repente, a dor das minhas feridas parece insignificante. De repente, meus rancores e minhas mágoas parecem infantis.

Às vezes me pergunto se não conseguimos ver o amor de Cristo tanto nas pessoas que ele suportou quanto na dor que sofreu.

Graça maravilhosa.

Por isso o chamam Salvador

Homem das dores. Que nome para o Filho de Deus que veio dos céus! Obrigado por teres sido odiado e abandonado pelo homem, para que eu pudesse conhecer tua graça maravilhosa. Aleluia, Salvador! Em nome de Jesus. Amém.

23
A cruz

Deus tornou pecado por nós aquele que não tinha pecado, para que nele nos tornássemos justiça de Deus.

2Coríntios 5:21

A cruz. Não importa para onde você olhe, você vê uma cruz. Erguida no topo de uma igreja. Cravada na lápide de um cemitério. Gravada em um anel ou pendurada em uma corrente. A cruz é o símbolo universal da cristandade. Uma escolha estranha, não acha?

Estranho como uma ferramenta de tortura passou a representar um movimento de esperança. Os símbolos de outras religiões são mais positivos: a estrela de Davi, a lua crescente do islã, a flor de lótus do budismo. Mas a cruz do cristianismo? Um instrumento de execução?

Por que a cruz é o símbolo da nossa fé? Ao procurar pela resposta, não vá além da cruz. Sua estrutura é a mais simples possível. Uma viga horizontal, outra vertical. Uma se estende para os lados — como o amor de Deus. A outra se estende para o alto — como a santidade de Deus. Uma representa a amplitude de seu amor; a outra reflete a altura de sua santidade. A cruz é a interseção. A cruz é o lugar onde Deus perdoou seus filhos sem baixar seus padrões.

Como conseguiu fazer isso? Deus depositou nosso pecado sobre seu Filho e o castigou ali.

Imagine o momento. Deus em seu trono. Você na terra. E entre você e Deus, suspenso entre você e o céu, Cristo na cruz. Seus pecados foram colocados em Jesus. Deus, que castiga o pecado, lança sua ira justa sobre seus erros. O golpe acerta Jesus em cheio. Já que Cristo está entre você e Deus, você não sente nada. O pecado foi castigado, mas você está a salvo — a salvo na sombra da cruz.

Isso descreve a amplitude do amor de Cristo por você. Estendeu um braço para a direita; e o outro, para a esquerda, e suas mãos foram pregadas nessa posição para que soubesse que ele morreu amando você.

Ele escolheu os cravos

Magnífico Deus dos céus, obrigado por teres encontrado um jeito por meio de Jesus para cobrir o abismo que me separava de ti... para sempre. Estive morto nos meus pecados e nos meus erros. Seguir-te-ei na sombra da cruz onde encontrei abrigo. Em nome de Jesus. Amém.

24
Jesus pede a João que cuide de sua mãe

Quando Jesus viu sua mãe ali, e, perto dela, o discípulo a quem ele amava, disse à sua mãe: "Aí está o seu filho."

João 19:26

Maria envelheceu. Seu cabelo está grisalho. Rugas substituíram a elasticidade de sua pele. Suas mãos estão calejadas. Criou um punhado de filhos. E agora testemunha a crucificação de seu primogênito.

Fico me perguntando que tipo de lembrança passa pela sua mente enquanto testemunha essa tortura. Talvez, a longa viagem para Belém. O berço feito de feno. Sua fuga ao Egito. Sua vida em Nazaré. O pânico em Jerusalém. "Pensei que ele estava contigo!" Jesus como aprendiz de carpinteiro. As risadas à mesa de jantar.

E então aquela manhã em que Jesus voltou mais cedo da oficina do pai, seu olhar mais firme, sua voz mais direta. Recebera as notícias. "João está pregando no deserto." O filho de Maria tirou o cinto de ferramentas, lavou as mãos e, olhando para sua mãe, se despediu. Ambos sabiam que nada seria igual daqui em diante. Nesse último olhar, compartilharam um segredo. Era doloroso demais dizê-lo em voz alta.

Naquele dia, Maria conheceu a dor que nasce da despedida. Daquele dia em diante, foi obrigada a amar seu filho a distância: à margem da multidão, do lado de fora de uma casa lotada, à beira do mar. Talvez esteve até presente quando ele fez aquela promessa enigmática: "Todos os que tiverem deixado [...] mãe [...] por minha causa."

"Aí está o seu filho."

João abraçou Maria mais forte.

Jesus estava pedindo a ele para ser o filho que cada mãe precisa e que, de certa forma, Jesus nunca pôde ser.

Jesus olhou para Maria. Sua dor provinha de um sofrimento muito maior do que aquele causado pelos cravos e pelos espinhos. Nesse olhar silencioso, mais uma vez compartilharam um segredo. E Jesus se despediu.

Por isso o chamam Salvador

Senhor Jesus, tua vida e morte apresentam tantos aspectos — como, por exemplo, teu relacionamento com tua mãe — que me deixam confuso. Para mim, é um grande mistério. Obrigado por conheceres a dor que experimentamos quando precisamos dizer adeus a alguém que amamos tanto. Em teu nome. Amém.

25
Abandonado por Deus

E houve trevas sobre toda a terra, do meio-dia às três horas da tarde.

Mateus 27:45

Os ruídos se misturam na colina: a zombaria dos fariseus, o tinido das espadas e os gemidos dos homens moribundos. Em boa parte do tempo, Jesus fica em silêncio. Quando abre a boca, é como se diamantes reluzissem sobre um fundo de veludo. Concede graça a seus assassinos; e um filho à sua mãe. Responde à oração de um ladrão.

Então, ao meio-dia, a escuridão cai sobre o Calvário como uma cortina. Trata-se de uma escuridão sobrenatural; não de uma concentração casual de nuvens, nem de um breve eclipse solar. É uma negridão total de três horas de duração. Os comerciantes de Jerusalém acendem velas. Os soldados acendem tochas. O universo está em luto. O céu chora.

Cristo levanta a cabeça e os olhos em direção ao céu e gasta sua última energia gritando para as estrelas: "Eloí, Eloí, lamá sabactâni?", que significa: "Meu Deus! Meu Deus! Por que me abandonaste?" (Mateus 27:46).

Faríamos a mesma pergunta. Por que ele? Por que abandonar o Filho? Abandona os assassinos. Foge dos malfeitores. Vira tuas costas aos pervertidos e traficantes de sofrimento. Abandona esses, mas não teu Filho.

O que Cristo sentiu na cruz? O desprazer gélido de um Deus que abomina o pecado. Por quê? Porque ele "levou em seu corpo os nossos pecados" (1Pedro 2:24).

Com suas mãos pregadas à madeira, pediu a Deus: "Trata-me do jeito que tratarias essas pessoas!" E foi o que Deus fez. Em um ato que quebrou o coração do Pai, mas honrando a santidade do céu, o julgamento que expia o pecado foi derramado sobre o Filho imaculado.

E o céu deu a terra seu presente mais valioso: o Cordeiro de Deus que retirou o pecado do mundo.

"Meu Deus! Meu Deus! Por que me abandonaste?" Por que Cristo exclamou essas palavras? Para que você nunca tivesse de fazê-lo.

3:16

Cordeiro de Deus que retiras o pecado do mundo, agradeço porque, por tua causa, nunca terei de passar pelo terror de sentir-me abandonado pelo Pai. Meu Deus, meu Deus, obrigado por aceitares seu sacrifício em meu lugar. Em nome de Jesus. Amém.

26

Com sede na cruz

Mais tarde, sabendo então que tudo estava concluído, para que a Escritura se cumprisse, Jesus disse: "Tenho sede."

João 19:28

Esse é o último ato na vida de Jesus. No encerramento de sua existência terrena, ouvimos a manifestação de um homem sedento.

E por meio de sua sede — por meio de uma esponja e um jarro de vinho barato —, ele nos deixa uma última promessa.

"Você pode confiar em mim."

Jesus. Os lábios rasgados e a boca seca. Sua garganta arde tanto que não consegue engolir, e sua voz está tão rouca que mal consegue falar. Está com sede. Desde que bebeu do cálice de vinho na sala superior doze horas atrás, Jesus tem sido surrado, cuspido, açoitado e ferido. Nenhum líquido aliviara a seca na sua garganta.

Por que ele não fez nada para aliviar sua situação? Ele poderia ter feito, não poderia? Ele já tinha banido a chuva e acalmado as ondas, ou não? Deus disse: "Derramarei água na terra sedenta" (Isaías 44:3).

Por que, então, Jesus preferiu suportar essa sede?

Já que estamos fazendo essas perguntas, acrescentamos algumas mais. Por que ficou cansado em Samaria (João 4:6), por que se admirou em Nazaré (Marcos 6:6) e por que se irritou no templo (João 2:15)? Por que ficou sonolento no barco no mar da Galileia (Marcos 4:38), por que sentiu tristeza no túmulo de Lázaro (João 11:35) e por que sentiu fome no deserto (Mateus 4:2)?

E por que, seis horas antes, recusara a bebida que lhe fora oferecida?

"Levaram Jesus ao lugar chamado Gólgota, que quer dizer Lugar da Caveira. Então lhe deram vinho misturado com mirra, mas ele não o bebeu" (Marcos 15:22-23).

Antes de ser pregado à cruz, ofereceram-lhe uma bebida. Marcos conta que o vinho havia sido misturado com mirra. Mateus descreveu a bebida como mistura de vinho e fel. Tanto a mirra como o fel contêm substâncias sedativas que entorpecem os sentidos. Mas Jesus os recusou. Não quis ser entorpecido pelas drogas, escolheu sentir toda a força brutal do seu sofrimento.

Por que passou por tudo isso? Porque sabia que você também passaria por isso.

Sabia que você também sentiria o cansaço, a confusão e a irritação. Sabia que você sentiria o sono, o luto e a fome. Sabia que você enfrentaria a dor. A dor física, mas também a dor na alma... Uma dor que nenhuma droga consegue abafar. Sabia que você sentiria sede. Sede de água, mas também sede de verdade, e a verdade que aprendemos da imagem de um Cristo sedento é que ele nos compreende.

E porque ele nos compreende, podemos ir até ele.

Ele escolheu os cravos

Obrigado, Senhor, por compreenderes — não só como Deus, mas também como ser humano — tudo o que já sofri e tudo o que sofrerei, porque tu sofreste tanto quanto eu. Obrigado por abrires um caminho novo e vivo que me permite ir livremente até teu trono e encontrar ajuda em qualquer momento de necessidade. Em nome de Jesus. Amém.

27

As últimas palavras de Jesus na cruz

Por volta das três horas da tarde, Jesus bradou em alta voz: "Eloí, Eloí, lamá sabactâni?", que significa: "Meu Deus! Meu Deus! Por que me abandonaste?"

Mateus 27:46

O monte está mais calmo agora. Não está em silêncio, mas mais calmo. Pela primeira vez, não há barulho. O tumulto começou a abrandar quando a escuridão — aquela surpreendente escuridão no meio do dia — caiu sobre a cidade.

Assim como a água apaga o fogo, as sombras apaziguaram o escárnio. Acabaram os insultos. Acabaram as piadas. Acabaram as gozações. E foram-se os zombadores. Um por um, os espectadores viraram de costas e começaram a descer.

Ouvimos os gemidos dos três homens moribundos. Gemidos roucos, guturais, sedentos. Gemiam com cada balanço da cabeça, com cada giro das pernas.

Mas ao passo que os minutos se transformavam em horas, os gemidos diminuíam. Os três pareciam estar mortos. Se não fosse pela respiração sofrida, você teria acreditado que estavam mortos.

Então ele gritou. Como se alguém o tivesse puxado pelos cabelos, sua cabeça bateu contra a placa com seu nome, e ele gritou. Como uma faca rasga a cortina, seu grito rasgou a escuridão. Esticando-se o máximo que os cravos permitiam, ele gritou como alguém que chama pelo seu amigo perdido: "Eloí!"

Sua voz era rouca, áspera. O reflexo das tochas tremeluzia em seus olhos arregalados.

"Meu Deus!"

Ignorando a erupção de dor, esticou-se até seus ombros ficarem acima de suas mãos pregadas à cruz. "Por que me abandonaste?"

Os soldados olharam para ele. O choro das mulheres se calou. Um dos fariseus disse com sarcasmo: "Está chamando Elias."

Ninguém riu.

Gritou uma pergunta em direção ao céu, e você meio que espera que o céu responda.

Aparentemente, foi o que aconteceu. Pois o rosto de Jesus ficou mais brando, e, na aurora da tarde, ele falou uma última vez. "Está consumado. Pai, entrego em tuas mãos o meu espírito."

Ele escolheu os cravos

Pai Celestial, tenho certeza de que teu coração rompeu quando teu Filho chamou teu nome em tanta agonia. Meu coração treme quando leio essa passagem. E tudo isso por causa do pecado. Tudo isso por causa de mim. Derrete meu coração para que eu possa te amar com todo o meu ser. Em nome de Jesus. Amém.

28
UM GRITO DE VITÓRIA

Tendo-o provado, Jesus disse: "Está consumado!" Com isso, curvou a cabeça e entregou o espírito.

João 19:30

"Está consumado."

Pare e ouça. Você consegue imaginar o grito lá na cruz? O céu está escuro.

As outras duas vítimas estão gemendo. A zombaria parou. Talvez haja trovões. Talvez haja choro. Talvez haja silêncio. Então Jesus respira fundo, apoia seus pés naqueles pregos romanos e grita: "Está consumado!"

O que está consumado?

Consumou-se o plano histórico da redenção do homem. Consumou-se a mensagem de Deus ao homem. Consumaram-se as obras de Jesus como homem na terra.

Consumou-se a missão de escolher e treinar os embaixadores. Consumou-se a tarefa. O hino fora cantado. O sangue fora derramado. O sacrifício fora feito. O ferrão da morte fora removido. Estava acabado.

Um grito de derrota? Dificilmente. Se suas mãos não estivessem presas à madeira, ouso dizer que um punho triunfante teria socado o céu escuro. Não, não é um grito de desespero. É um grito de conquista. Um grito de vitória. Um grito de satisfação. Sim, até mesmo um grito de alívio.

Estava feito.
Um anjo suspira. Uma estrela enxuga uma lágrima.

"Leva-me para casa."
Sim, leva-o para casa.
Leva esse Príncipe para seu Rei.
Leva esse Filho para seu Pai.
Leva esse peregrino para sua casa.
(Ele merece um descanso.)

"Leva-me para casa."
Vinde, dez mil anjos! Vinde, e levai esse poeta ferido para os braços do seu Pai!
Adeus, menino na manjedoura.
Sê abençoado, santo embaixador.
Vai para casa, matador da morte.
Descansa bem, doce soldado.

A batalha acabou.

Por isso o chamam Salvador

Ó Senhor, vitorioso sobre a morte, quão glorioso é ouvir-te dizer: "Está consumado!" Meus lábios confessam que não há nada que eu possa fazer ou dizer que acrescente algo àquilo que fizeste na cruz. És minha única esperança de salvação. Em nome de Jesus. Amém.

29
O VÉU DO TEMPLO SE RASGOU

Depois de ter bradado novamente em alta voz, Jesus entregou o espírito. Naquele momento, o véu do santuário rasgou-se em duas partes, de alto a baixo. A terra tremeu, e as rochas se partiram.

Mateus 27:50-51

A cortina do templo ficava em frente ao Santo dos Santos, aquela parte do templo na qual ninguém podia entrar. Os adoradores judeus podiam entrar na corte exterior, mas apenas os sacerdotes podiam entrar no santuário. E ninguém além do sumo sacerdote em um único dia do ano podia entrar no Santo dos Santos. Ninguém. Por quê? Porque a glória *shekinah* — a glória de Deus — estava presente ali.

Ninguém além do sumo sacerdote entrava no Santo dos Santos. *Ninguém*. Violar essa lei significava a morte. De modo inequívoco, a cortina declarava: "Até aqui e mais nenhum passo adiante."

O que significavam os mil e quinhentos anos de um Santo dos Santos oculto por trás de uma cortina? Simples. Deus é santo... É diferente de nós e inaproximável. Até Moisés teve de ouvir: "Você não poderá ver a minha face, porque ninguém poderá ver-me e continuar vivo" (Êxodo 33:20). Deus é santo, nós somos pecadores, e existe uma distância entre nós.

Mas Jesus não nos deixou com um Deus inaproximável. "Pois há um só Deus e um só mediador entre Deus e os homens: o homem Cristo Jesus" (1Timóteo 2:5). Quando a carne de Jesus foi rasgada na cruz, a cortina se rasgou ao meio.

É como se as mãos dos céus estivessem agarradas à cortina, esperando esse momento. Em um momento estava inteira; no próximo, estava rasgada de alto a baixo. Sem demora. Sem hesitação.

Somos bem-vindos na presença de Deus — em qualquer dia, a qualquer hora. Deus retirou a barreira que nos separava dele. A barreira do pecado? Derrubada. Não existe mais nenhuma cortina.

Mas tendemos a reerguer essa barreira com a cortina do nosso coração. Às vezes, não, muitas vezes, permitimos que nossos erros e nossa consciência pesada nos separem de Deus.

Não permita que um véu de culpa o separe do seu Pai. Confie na cruz. A cortina se rasgou, a porta está aberta, e você é bem-vindo na presença de Deus.

Ele escolheu os cravos

Pai, cheio de amor, que grande dia foi esse quando a cortina se rasgou em duas partes! Ajuda-me a nunca colocar essa cortina de volta no meu coração. Confiante, aproximo-me do teu trono, ciente de que o caminho foi aberto pela graça. Em nome de Jesus. Amém.

30

O CENTURIÃO AO PÉ DA CRUZ

Quando o centurião e os que com ele vigiavam Jesus viram o terremoto e tudo o que havia acontecido, ficaram aterrorizados e exclamaram: "Verdadeiramente este era o Filho de Deus!"

Mateus 27:54

A morte não era nenhuma novidade para o centurião. Ao longo dos anos, havia se tornado insensível aos gritos dos crucificados. Tornara-se mestre na arte de entorpecer seu coração.

Mas essa crucificação o atormentou. Enquanto passavam as horas, o centurião não sabia o que fazer com o silêncio do nazareno. Não sabia o que fazer com sua gentileza. Mas acima de tudo, a escuridão o deixou perplexo. Não sabia o que fazer com o céu escuro no meio da tarde. Ninguém conseguia explicar aquilo... Ninguém nem mesmo tentou. O sol brilhava, e no próximo instante havia apenas escuridão.

Quando Jesus de repente quebrou o silêncio exclamando "Está consumado!", aquilo não foi um grito. Foi um rugido, o rugido de um leão. O centurião não sabia de que mundo tinha vindo aquele rugido, mas sabia que não fora deste.

O centurião se levantou e se aproximou do nazareno. Quando chegou mais perto, conseguiu ver que Jesus estava olhando para o céu. Havia algo nos olhos de Jesus que o soldado precisava ver. Mas, após alguns passos, ele tropeçou. A terra estava tremendo, suavemente no início, agora mais forte. Tentou dar mais alguns passos e caiu de novo... Aos pés da cruz.

Olhou para o rosto desse homem tão próximo da morte. O Rei baixou o olhar e olhou para o centurião ríspido e velho. As mãos de Jesus estavam presas; não podiam se estender em sua direção. Seus pés estavam pregados à madeira; Jesus não podia ir ao seu encontro. Sua cabeça pesava de tanta dor; mal conseguia mexê-la. Mas seus olhos... estavam incendiados.

Esses olhos eram inextinguíveis. Eram os olhos de Deus.

Talvez foram eles que levaram o centurião a dizer o que disse. Ele viu os olhos de Deus.

"Está tudo bem", disseram os olhos de Deus. "Eu vi as tempestades, e mesmo assim tudo está bem."

As convicções do centurião começaram a confluir como rios. "Este homem não era carpinteiro", murmurou. "Este homem não era um camponês. Não era um homem qualquer."

Olhou em sua volta para as rochas que haviam caído e para o céu escurecido. Deu meia-volta e olhou para os soldados que estavam olhando para Jesus com seus rostos congelados. Deu outra volta e observou como os olhos se levantaram para o seu lar. Ouviu quando os lábios ressecados se abriram e a língua inchada falou pela última vez.

"Pai, entrego em tuas mãos o meu espírito."

Se o centurião não tivesse dito aquelas palavras, os soldados as teriam falado em seu lugar. Se o centurião não tivesse dito aquelas palavras, as rochas — os anjos, as estrelas, até mesmo os demônios — as teriam pronunciado. Coube a um estrangeiro anônimo expressar o que todos eles sabiam:

"Verdadeiramente este era o Filho de Deus!"

Seis horas de uma sexta-feira

Filho de Deus, que milagre és tu! Até mesmo um carrasco endurecido conseguiu reconhecer a verdade de quem tu és e a confessou com seus lábios. Com grande alegria eu me juntarei hoje a ele e confessarei que verdadeiramente és o Filho de Deus. Em teu nome, Jesus. Amém.

31

Uma âncora para sua alma

Temos esta esperança como âncora da alma, firme e segura, a qual adentra o santuário interior, por trás do véu.

Hebreus 6:19

Seis horas de uma sexta-feira.

Para um observador qualquer, seis horas nada têm de especial. Um pastor com suas ovelhas, uma dona de casa com seus pensamentos, um médico com seus pacientes. Mas para aquelas testemunhas maravilhadas, o que está acontecendo é o milagre mais exasperador.

Deus está na cruz. O Criador do universo está sendo executado.

Saliva e sangue secam em seu rosto, e seus lábios estão rachados e inchados. Espinhos ferem seu couro cabeludo. Seus pulmões gritam de tanta dor. Suas pernas são castigadas por ataques de câimbra. Nervos retesados ameaçam se romper enquanto a dor canta sua mórbida melodia. Mas a morte ainda não está pronta. E não há ninguém que possa salvá-lo, pois ele está sacrificando a si mesmo.

Não são seis horas normais... Não é uma sexta-feira normal.

Pois pior do que a tortura do seu corpo é a dor do seu coração.

Seus conterrâneos pedem sua morte.

Seu discípulo lhe deu o beijo da traição.

Seus amigos fugiram.

E agora seu Pai está virando as costas para ele, deixando-o sozinho.

Deixe-me fazer-lhe um pergunta: o que você faz com esse dia na história? O que faz com aquilo que reivindica?

Se isso realmente aconteceu... se Deus realmente ordenou a própria crucificação... se ele realmente virou as costas para seu Filho... e se ele realmente derrubou os portões do diabo, então aquelas seis horas daquela sexta-feira estavam repletas de um trágico triunfo. Se aquele homem na cruz era realmente Deus, então aquele monte chamado de Caveira é um granito cheio de estacas que servem como âncora para sua alma.

Seis horas de uma sexta-feira

Pai, obrigado por teres levado Jesus ao céu, onde ele está em tua presença como sumo sacerdote de todos nós. Obrigado por ele não só administrar o sacrifício, mas por ser o próprio sacrifício. Essa é a âncora da minha alma, da qual nem mesmo as forças da escuridão podem me arrancar. Em nome de Jesus. Amém.

32

AMIGOS LEVAM O CORPO DE JESUS

Dirigindo-se a Pilatos, [José] pediu o corpo de Jesus, e Pilatos ordenou que lhe fosse entregue.

Mateus 27:58

Eles vêm como amigos — amigos secretos —, mas, de qualquer forma, como amigos. "Pode retirá-lo, soldado. Cuidarei dele."

Um soldado encosta uma escada contra a cruz central, sobe e remove a estaca que prende a viga à madeira vertical da cruz. Dois outros soldados, aliviados pelo fato de a jornada de trabalho estar chegando ao fim, ajudam na árdua tarefa de trazer a viga de cipreste com o corpo até o chão.

José diz: "Muito cuidado agora."

Os pregos de cerca de 13 cm são arrancados da madeira dura. O corpo que abrigara um Salvador é deitado sobre uma grande rocha.

"É todo seu", diz o guarda.

Os dois não estão acostumados com esse tipo de trabalho. Mesmo assim, suas mãos são ágeis e rapidamente cumprem suas tarefas.

José de Arimateia se ajoelha por trás da cabeça de Jesus e suavemente limpa o rosto ferido. Com um pano macio e molhado, ele lava o sangue do jardim, o sangue do açoitamento e da coroa de espinhos. Quando termina, fecha os olhos de Jesus.

Nicodemos desdobra um lençol que José trouxe e o estende na rocha ao lado do corpo. Os dois líderes judeus levantam o corpo de Jesus e o deitam sobre o pano de linho. Partes do corpo já foram ungidas com especiarias perfumadas. Quando

Nicodemos toca o rosto do Mestre com aloés, não consegue mais conter a emoção. Suas lágrimas caem sobre o rosto do Rei crucificado. Ele seca outra lágrima. O judeu de meia-idade olha para o jovem galileu e sente sua falta.

A alta sociedade de Jerusalém não veria com bons olhos o fato de dois de seus líderes estarem enterrando um revolucionário. Mas para José e Nicodemos, a escolha era óbvia. E, além do mais, preferem salvar sua alma que sua pele.

3:16

Pai Celestial, quem poderia tocar o corpo já sem vida do teu Filho e não chorar? Quero estender minha mão e tocá-lo, sabendo que a história não terminou por aqui. Obrigado pelo domingo que ainda viria! Em nome de Jesus. Amém.

33
Sepultamento de Jesus

Pois sabemos que, tendo sido ressuscitado dos mortos, Cristo não pode morrer outra vez: a morte não tem mais domínio sobre ele. Porque morrendo, ele morreu para o pecado uma vez por todas; mas vivendo, vive para Deus.

Romanos 6:9-10

Quando Pilatos soube que Jesus tinha morrido, perguntou aos soldados se tinham certeza. Tinham. Se tivessem percebido alguma contração do nazareno, se tivessem ouvido o menor suspiro, teriam quebrado suas pernas para apressar sua morte. Mas não foi preciso. A pontada de uma lança afugentou qualquer dúvida. Os romanos eram ótimos naquilo que faziam. E seu trabalho estava feito. Arrancaram os pregos, desceram o corpo e o entregaram a José e Nicodemos.

José de Arimateia. Nicodemos, o fariseu. Ambos ocupavam posições de poder e influência. Homens de posse e renome. Mas teriam dado tudo isso em troca de um único movimento do corpo de Jesus. Ele havia respondido a oração de seus corações, a oração pelo Messias. Por mais que os soldados quisessem vê-lo morto, estes homens o queriam vivo.

Enquanto lavavam o sangue da barba de Jesus, você acha que não ficaram atentos à sua respiração? Enquanto enfaixavam suas mãos, você acha que não tentaram encontrar seu pulso? Você acha que não ansiavam por um sinal de vida?

Mas não encontraram nada.

Então fizeram o que o costume mandava fazer com um homem morto. Embrulharam seu corpo em linho limpo e o colocaram no túmulo. No túmulo de José. Guardas romanos são colocados na saída do túmulo para vigiar o corpo. E o selo romano é colocado na pedra do túmulo. Durante três dias, ninguém se aproxima dali.

Mas então chega o domingo. E com ele chega a luz — uma luz dentro do túmulo. Uma luz clara? Uma luz suave? Reluzente? Flutuante? Não sabemos. Mas havia uma luz.

Pois ele é a luz. E com a luz veio a vida. Assim como a escuridão foi banida, agora a decomposição é revertida. O céu sopra, e Jesus respira. Seu peito sobe. Seus lábios pálidos se abrem. Dedos enrijecidos se mexem. As válvulas cardíacas sibilam, e as juntas se dobram.

Ao imaginarmos esse momento, observamos, pasmos.

Estamos pasmos não só pelo que vemos, mas também pelo que sabemos.

Quando Cristo voltar

Senhor, Autor da minha vida, qual foi a sensação quando tua vida retornou para teu corpo? Que o céu sopre e insufle hoje essa vida em meu espírito. Maravilhado estou diante de ti e te adoro, Deus todo-poderoso. Em nome de Jesus. Amém.

34

João não se afastou

Eles ainda não haviam compreendido que, conforme a Escritura, era necessário que Jesus ressuscitasse dos mortos.

João 20:9

Poderia haver tragédia maior para João do que a morte de Jesus? Três anos antes, João abandonara sua carreira e apostara tudo no carpinteiro de Nazaré. Alguns dias antes, naquela mesma semana, João havia participado da entrada triunfal de Jesus e seus discípulos em Jerusalém. Ah, como as coisas tinham mudado em poucos dias! As mesmas pessoas que o chamaram de rei no domingo exigiam sua morte na sexta-feira seguinte.

Naquela sexta-feira, João não sabia o que você e eu sabemos agora. Não sabia que a tragédia da sexta-feira seria o triunfo do domingo. Não sabia.

É por isso que aquilo que ele fez no sábado foi tão importante. Não sabemos o que aconteceu naquele dia. Nenhuma passagem nos informa sobre isso; não temos nenhum conhecimento para compartilhar.

Tudo que sabemos é: no domingo, João ainda estava ali. Quando Maria Madalena veio procurá-lo, ela o encontrou.

Jesus estava morto. O corpo do Mestre estava sem vida. O amigo e o futuro de João tinham sido sepultados. Mas João não foi embora. Por quê? Estava aguardando a ressurreição? Não. O que ele sabia era que os lábios haviam se fechado para sempre, e as mãos jamais voltariam a se mexer. Não esperava que o domingo trouxesse uma surpresa. Por que, então, estava ali?

Talvez a resposta seja bem pragmática; talvez ele estivesse cuidando da mãe de Jesus.

Ou talvez ele não tinha para onde ir. Talvez estivesse sem dinheiro, sem forças ou sem direção... ou tudo isso ao mesmo tempo.

Ou talvez permaneceu ali porque amava Jesus.

Para os outros, Jesus era um milagreiro, um excelente professor, a esperança de Israel. Mas, para João, Jesus era tudo isso e muito mais.

Para João, Jesus era um amigo.

Não se abandona um amigo — nem mesmo quando ele está morto. João não se afastou.

Era o que estava acostumado a fazer. Ficou ao lado de Jesus na sala superior, no Jardim de Getsêmani e ao pé da cruz. E quando Jesus foi sepultado, estava apenas a poucos passos do túmulo.

Ele entendia Jesus? Não.

Ficou feliz por Jesus ter feito o que fez? Não.

Mas ele abandonou Jesus? Não.

Ele escolheu os cravos

Meu Senhor e Salvador, há tanta coisa que eu não entendo, mas entendo que posso me juntar a João e passar o resto da minha vida te amando. Sê para mim tudo que foste para João... e mais. Em nome de Jesus. Amém.

35
Túmulo vazio

Os dois corriam, mas o outro discípulo foi mais rápido que Pedro e chegou primeiro ao sepulcro. Ele se curvou e olhou para dentro, viu as faixas de linho ali, mas não entrou.

João 20:4-5

No domingo, ainda bem cedo de manhã, Pedro e João receberam a notícia: "O corpo de Jesus desapareceu!" No mesmo instante, os dois discípulos correram para o sepulcro. João foi mais rápido do que Pedro e foi o primeiro a chegar. O que viu o surpreendeu tanto que ele congelou na entrada do túmulo.

O que ele viu? "Faixas de linho." A expressão original em grego nos fornece informações adicionais. João usa um termo que significa "enroladas", "ainda na embalagem original". Essas faixas não haviam sido rasgadas e jogadas no chão. Parecia que nunca tinham sido usadas. As roupas fúnebres ainda estavam dobradas e enroladas.

Como isso era possível?

Se amigos ou inimigos tivessem removido o corpo, não teriam levado essas faixas também? Ou, se por algum motivo tivessem tirado as faixas do corpo, teriam sido tão cuidadosos a ponto de deixar tudo em tão perfeita ordem? Claro que não!

Mas se nem amigo nem inimigo removeu o corpo, quem poderia ter feito aquilo?

Essa foi a pergunta de João, e essa pergunta o levou à sua descoberta: "Ele viu e creu" (João 20:8).

Naqueles trapos da morte, João reconheceu o poder da vida. Você não acha estranho que Deus usaria algo tão triste como as faixas fúnebres para mudar uma vida?

Mas Deus tem uma preferência por esse tipo de prática.

Em suas mãos, os jarros de vinho vazios em um casamento se transformam em símbolo de poder.

Uma manjedoura rústica em Belém é seu símbolo de devoção.

E um instrumento da morte é um símbolo do seu amor.

3:16

Deus gracioso, eu amaria ter visto a expressão no rosto de João quando ele entendeu e acreditou que Jesus estava vivo. Renova minha fé com o mesmo senso de maravilha e surpresa. Estás vivo. Eu creio! Em nome de Jesus. Amém.

36

Maria Madalena no túmulo de Jesus

Maria, porém, ficou à entrada do sepulcro, chorando.

João 20:11

Quando Maria Madalena se aproximou naquela manhã de domingo, ela esperava tudo menos uma festa. Os últimos dias não tinham oferecido razão para celebrar. Para ela, os últimos dias tinham sido apenas uma única e grande tragédia.

Ela se levanta de seu colchonete na neblina da madrugada, pega as especiarias e bálsamos e sai de casa, passa pelo portão Gennath e sobe a colina. Ela espera cumprir uma tarefa triste. O corpo já deve estar inchado; e o cheiro da morte, forte.

O céu encoberto de nuvens se abre e revela um sol dourado, enquanto ela segue a trilha estreita. Quando faz a última curva, ela prende a respiração. A pedra em frente ao túmulo foi removida.

Quando se abaixa e enfia a cabeça na entrada talhada, ela vê o que parece ser um homem, mas é branco — e sua cor branca é radiante. É uma das duas luzes nas extremidades do leito vazio.

"Por que choras?" Que pergunta incomum para se fazer em um cemitério. Na verdade, é uma pergunta um tanto rude. A não ser que o interrogador saiba de algo que o interrogado não sabe.

"Levaram meu Senhor daqui, e não sei aonde o puseram."

Ainda o chama de "meu Senhor". Pelo que sabe, seus lábios se calaram. Pelo que sabe, seu corpo foi levado por ladrões de túmulos. Mas apesar de tudo isso, ele ainda é seu Senhor.

Tanta devoção comove Jesus. Ela o aproxima de Maria Madalena. Ele chega tão perto que ela consegue ouvir sua respiração. Ela se vira, e lá está ele. Ela acha que é o jardineiro.

"Por que está chorando? Quem você está procurando?" (João 20:15).

Ele não a deixa na dúvida por muito tempo, apenas o bastante para lembrar-nos de que ama nos surpreender. Ele espera até perdermos a fé na força humana e então intervém com o poder divino. Deus espera até desistirmos e então — surpresa!

E veja a surpresa quando o nome de Maria é falado pelo homem que ela amava — pelo homem que ela sepultou.

"Maria."

O Deus que aparece nos lugares mais estranhos. Que faz as coisas mais estranhas. Provocando sorrisos onde havia apenas decepção. Devolvendo o brilho aos lugares onde havia apenas lágrimas. Colocando uma estrela brilhante em um céu escuro. Fazendo surgir um arco-íris em meio a uma tempestade. Chamando pessoas pelo seu nome em cemitérios.

"Maria", ele disse em tom suave, "surpresa!"

Maria ficou chocada. Não acontece muitas vezes você ouvir seu nome sendo chamado por uma língua eterna. Mas quando isso aconteceu com Maria, ela o reconheceu. Quando aconteceu com ela, ela reagiu corretamente. Ela o adorou.

Seis horas de uma sexta-feira

Amado Senhor, peço que me ajudes a ouvir a tua voz e a reconhecer-te em momentos inesperados da vida. Tu és meu Senhor tanto quanto foste o Senhor de Maria. Estou a tua procura hoje e mal consigo esperar que me surpreendas. Em nome de Jesus. Amém.

37
Os discípulos se reúnem

Ali encontraram os Onze e os que estavam com eles reunidos, que diziam: "É verdade! O Senhor ressuscitou e apareceu a Simão!"

Lucas 24:33-34

Ninguém sabe o que aconteceu com os discípulos nas horas após sua fuga quando Jesus foi preso. Aquelas horas ficam entregues à nossa especulação. Qualquer culpa, qualquer medo, qualquer dúvida — nada disso foi documentado.

Mas sabemos de uma coisa: eles voltaram. Lentamente. Um após o outro. Mateus, Nataniel, André. Saíram de seus esconderijos. Tiago, Pedro, Tadeu. Ressurgiram de todas as partes da cidade.

Sentiam-se culpados demais para voltar para casa, mas também confusos demais para continuar. Cada um nutria em si uma esperança desesperada de que tudo havia sido apenas um pesadelo ou uma piada cruel. Cada um esperava encontrar algum consolo no grupo. Voltaram. Alguma coisa em seu ser se recusava a desistir. Alguma coisa nas palavras do Mestre os reuniu.

Acredito que todos nós já estivemos nesse ponto. Ouso dizer que todos nós já testemunhamos como nossas promessas feitas de areia foram levadas pelas ondas incessantes do pânico e da insegurança. Imagino que todos nós já vimos como nossas palavras de promessas e nossa obediência foram dilaceradas pela motosserra do medo e do temor. Todos nós já andamos à sombra pelas ruas de Jerusalém.

O que os fez voltar? Boatos da ressurreição? Provavelmente tinham uma participação nisso. Os homens que haviam acompanhado Jesus de perto aprenderam a esperar dele o incomum.

Ninguém simplesmente arruma sua mochila e vai para casa após ver tudo aquilo que eles viram naqueles três anos.

Talvez realmente tinha ressurgido dos mortos.

Mas era mais do que apenas boatos de um sepulcro vazio. Eles tinham traído seu Mestre, e agora precisavam lidar com sua vergonha. Procurando o perdão, mas sem saber onde, eles voltaram. Cada um com um caderno cheio de lembranças e um fino fio de esperança.

E justamente quando a tristeza alcança o fundo do poço, um rosto familiar atravessa a parede. Meu Deus, que final. Ou melhor: que começo! Saiam das sombras! Chega de se esconder! Um coração arrependido é o suficiente para levar o Filho de Deus em pessoa a atravessar nossas paredes da culpa e da vergonha. Aquele que perdoou seus seguidores está disposto a perdoar-nos também. Tudo que precisamos fazer é voltar.

Por isso o chamam Salvador

Pai, obrigado por não teres nenhuma dificuldade de atravessar as paredes por trás das quais às vezes me escondo. Convido-te hoje para que venhas com teu perdão e lances luz e alegria na minha vida. Em nome de Jesus. Amém.

38

"Paz seja com vocês"

Ao cair da tarde daquele primeiro dia da semana, estando os discípulos reunidos a portas trancadas, por medo dos judeus, Jesus entrou, pôs-se no meio deles e disse: "Paz seja com vocês!"

João 20:19

A igreja de Jesus Cristo nasceu com um pequeno grupo de homens aterrorizados em um quarto do segundo andar de alguma casa em Jerusalém. Apesar de terem caminhado com ele durante três anos, seu ato mais corajoso agora foi trancar a porta.

Foi uma hora de autoanálise. Todos os seus esforços pareciam tão inúteis agora. Quando os soldados romanos prenderam Jesus, seus seguidores fugiram. Com o vinho da aliança ainda em seu hálito e com o pão do seu sacrifício no estômago, eles caíram.

Todos aqueles gestos e declarações de devoção estavam quebrados e despedaçados no chão lá no portão do jardim de Getsêmani.

Não sabemos para onde os discípulos foram quando fugiram do jardim, mas sabemos que levaram consigo a memória angustiante de um homem que proclamava Deus encarnado. E não conseguiam tirá-lo da mente. Por isso, voltaram, e a igreja do nosso Senhor começou com um grupo de homens aterrorizados em uma sala com as portas trancadas.

Parece familiar? Quantas igrejas têm religião suficiente para se reunir, mas paixão de menos para sair? Pessoas boas. Com boas intenções. Orçamentos. Reuniões. Palavras. Promessas. Mas enquanto tudo isso acontece, a porta permanece trancada e a história é guardada em segredo.

Embaixadores da paz confusos por trás de portas trancadas. O que será necessário para destravá-la? O que será necessário para acender o fogo? O que será necessário para recuperar a paixão do primeiro século?

O que precisamos para tirar-nos de lá é exatamente a mesma coisa que abriu as portas trancadas do coração dos apóstolos: eles viram Jesus, que disse a eles e a nós, "Paz seja com vocês". A pedra do túmulo não conseguiu mantê-lo lá dentro. As paredes da sala não conseguiram mantê-lo lá fora.

Seus pecados se chocaram contra seu Salvador, e seu Salvador venceu!

Permita que Jesus destranque suas portas e fique diante de você. Passe seus dedos pelas feridas em seus pés. Coloque sua mão em seu lado perfurado pela lança. E olhe naqueles olhos. Naqueles mesmos olhos que derreteram os portões do inferno e que puseram Satanás em fuga. Olhe para eles, assim como eles estão olhando para você. Nunca mais você será o mesmo.

Seis horas de uma sexta-feira

Meu Senhor e Salvador, aqui estou. Somente eu. Ajuda-me a ver-te, a verdadeiramente ver-te, até mesmo teus olhos, e a ouvir tua voz falando palavras de paz. Acende um novo fogo em meu coração. Em nome de Jesus. Amém.

39

Seu corpo ressurreto

E Jesus disse a Tomé: "Coloque o seu dedo aqui; veja as minhas mãos. Estenda a mão e coloque-a no meu lado. Pare de duvidar e creia."

João 20:27

Jesus apareceu aos seguidores em um corpo de carne e osso: "Um espírito não tem carne nem ossos, como vocês estão vendo que eu tenho" (Lucas 24:39). Seu corpo ressurreto era um corpo real, tão real que caminhou na estrada para Emaús, tão real que foi confundido com o jardineiro, tão real que comeu peixe no café da manhã.

Mas ao mesmo tempo que afirmamos isso, precisamos dizer também que seu corpo real era realmente diferente.

Os discípulos na estrada para Emaús não o reconheceram, e as paredes não o fizer parar. Marcos tentou descrever sua nova aparência e disse: "Jesus apareceu noutra forma" (Marcos 16:12). Enquanto seu corpo era o mesmo, era, ao mesmo tempo, melhor; era um corpo glorificado. Era um corpo celestial.

E não consigo encontrar nenhuma passagem que diga que ele se livrou dele. Ele ascendeu neste corpo.

"Foi elevado às alturas enquanto eles olhavam, e uma nuvem o encobriu da vista deles" (Atos 1:9). Ele retornará com esse corpo. O anjo disse aos seguidores: "Este mesmo Jesus, que dentre vocês foi elevado ao céu, voltará da mesma forma como o viram subir" (Atos 1:11).

O Deus Homem continua sendo ambos. As mãos que abençoaram o pão daquele menino agora abençoam as orações de milhões. E a boca que envia os anjos é a boca que beijou as crianças.

Você sabe o que isso significa? O maior poder do cosmo o compreende e intercede por você. "Temos um intercessor junto ao Pai, Jesus Cristo, o Justo" (1João 2:1).

O Salvador mora ao lado

Jesus Cristo, o Justo, obrigado por seres meu intercessor diante do trono do Pai. Alegro-me sabendo que estou em tuas mãos, protegido por tuas asas. Sejas abençoado e louvado por intercederes por minha vida. Em teu nome. Amém.

40

Ele fez tudo isso por você

Então Jesus lhe disse: "Porque me viu, você creu? Felizes os que não viram e creram."

João 20:29

Quando Deus entrou no tempo e se fez homem, ele que esteve livre se tornou preso. Preso na carne. Limitado pelos músculos e pelas pálpebras que se cansam. Durante mais de três décadas, seu alcance antes ilimitado se limitaria ao alcance de um braço, a velocidade de seus passos adaptada ao passo dos pés humanos.

Será que nunca sentira a tentação de reivindicar sua liberdade ilimitada? Durante uma longa viagem, será que nunca pensou em se transportar para a cidade mais próxima? Quando o calor secava seus lábios, será que nunca pensou em fazer uma pequena visita ao Caribe para se refrescar?

Caso tenha tido esse tipo de pensamentos, ele nunca cedeu à sua tentação. Cristo nunca usou seus poderes sobrenaturais para o conforto pessoal. Com um pequeno movimento de sua mão, ele poderia ter lançado o cuspe de seus acusadores de volta em seus rostos. Bastaria levantar uma sobrancelha para paralisar a mão do soldado quando ele colocou a coroa de espinhos em sua cabeça. Mas ele não o fez.

Quer saber qual foi a coisa mais legal em relação à sua vinda?

Não foi que aquele que jogava bola de gude com as estrelas passou a jogar com bolas de gude de vidro. Nem que aquele que instalou as galáxias no céu passou a instalar umbrais para um cliente chato que queria tudo resolvido para ontem, mas que não pagaria por nada até amanhã.

Não foi que aquele sem nenhuma necessidade, de um instante para o outro, passou a precisar de ar, comida, um banho quente e sais para seus pés cansados e, acima de tudo, de alguém — não interessava quem — que se importasse mais com a pergunta de onde ele passaria a eternidade do que com a pergunta de como gastaria seu pagamento na sexta-feira.

Nem que ele resistiu à tentação de queimar aqueles monitores do salão da santidade que ousaram sugerir que ele estava fazendo a obra do diabo.

Não foi que ele manteve a cabeça fria enquanto seus melhores amigos sentiam o calor e fugiam da cozinha. Nem que ele resistiu aos anjos que imploravam: "Basta um sinal teu, Senhor. Uma palavra tua e transformamos esses demônios em ovos fritos."

Não foi que ele se recusou a se defender quando foi acusado de todos os pecados de cada prostituta e cada marinheiro desde Adão. Nem que ficou em silêncio enquanto milhões de sentenças ecoavam pelo tribunal do céu, e o doador da luz foi abandonado na noite do pecador.

Não foi nem que, após três dias em um buraco escuro, ele saiu para cumprimentar o sol que nascia naquela manhã de Páscoa — com um sorriso triunfante e uma pergunta para Lúcifer: "Esta foi sua melhor jogada?"

Isso foi legal. Muito legal.

Mas a coisa mais legal em relação àquele que desistiu da coroa do céu e a trocou pela coroa de espinhos é: ele fez tudo isso por você. Apenas por você.

Ele escolheu os cravos

Pai Celestial, fico feliz por não ter de compreender tudo que Jesus fez para que eu possa crer, porque realmente não entendo esse amor magnífico. Mas fico tão feliz por crer nele, tão feliz por ele ter aceitado a coroa de espinhos por mim! Hoje quero viver para ti somente. Em nome de Jesus. Amém.

Fontes

Todos os textos de *No monte Calvário* foram originalmente publicados em outros livros escritos por Max Lucado. Todos os direitos autorais das obras originais pertencem a Max Lucado.

Quando os anjos silenciaram. São Paulo: Hagnos, 1999. Introdução, capítulos 1, 2, 3, 7, 10.
Ouvindo Deus na tormenta. Rio de Janeiro: CPAD, 2003. Capítulo 8.
Ele ainda remove pedras. Rio de Janeiro, CPAD, 1993. Capítulo 9.
Quando Cristo voltar. Rio de Janeiro: Thomas Nelson Brasil, 2011. Capítulo 33.
Ele escolheu os cravos. Rio de Janeiro, CPAD, 2005. Capítulos 13, 14, 17, 23, 26, 27, 29, 34, 40.
Simplesmente como Jesus. Rio de Janeiro, CPAD, 2000. Capítulo 4.
O Salvador mora ao lado. Rio de Janeiro: Thomas Nelson Brasil, 2011. Capítulos 12, 39.
Por isso o chamam Salvador. São Paulo: Mundo Cristão, 2013. Capítulos 5, 11, 19, 21, 22, 24, 28, 37.
Seis horas de uma sexta-feira. São Paulo: Vida, 2007. Capítulos 20, 30, 31, 36, 38.
3:16. Rio de Janeiro: Thomas Nelson Brasil, 2007. Capítulos 6, 16, 18, 25, 32, 35.
Todo dia é um dia especial. Rio de Janeiro: Thomas Nelson Brasil, 2007. Capítulo 15.

Sobre o autor

Max Lucado é escritor e pastor evangélico norte-americano, autor de sucessos como *Antes de dizer amém, Você vai sair dessa!, Graça, Faça a vida valer a pena, Derrubando Golias*, entre outros, além dos comentários e notas da *Bíblia de estudo Vida Plena*. Seus mais de setenta livros foram publicados em dezenas de idiomas em todo o mundo, e vários figuraram em listas de best-sellers de veículos de prestígio, como The New York Times, USA Today e Publishers Weekly. Casado com Denalyn e pai de três filhas, trabalhou como missionário por cinco anos no Rio de Janeiro. Além de escritor, ele é ministro na Igreja de Oak Hills, em San Antonio, Texas.